Interopérabilité et portabil ...es de calcul

Karim Hassan

Interopérabilité et portabilité dans les Grilles de calcul

Etude des outils de gestion de workflow : JOpera, P-GRADE, Taverna, Pegasus et Kepler

Presses Académiques Francophones

Impressum / Mentions légales
Bibliografische Information der Deutschen Nationalbibliothek: Die Deutsche Nationalbibliothek verzeichnet diese Publikation in der Deutschen Nationalbibliografie; detaillierte bibliografische Daten sind im Internet über http://dnb.d-nb.de abrufbar.
Alle in diesem Buch genannten Marken und Produktnamen unterliegen warenzeichen-, marken- oder patentrechtlichem Schutz bzw. sind Warenzeichen oder eingetragene Warenzeichen der jeweiligen Inhaber. Die Wiedergabe von Marken, Produktnamen, Gebrauchsnamen, Handelsnamen, Warenbezeichnungen u.s.w. in diesem Werk berechtigt auch ohne besondere Kennzeichnung nicht zu der Annahme, dass solche Namen im Sinne der Warenzeichen- und Markenschutzgesetzgebung als frei zu betrachten wären und daher von jedermann benutzt werden dürften.

Information bibliographique publiée par la Deutsche Nationalbibliothek: La Deutsche Nationalbibliothek inscrit cette publication à la Deutsche Nationalbibliografie; des données bibliographiques détaillées sont disponibles sur internet à l'adresse http://dnb.d-nb.de.
Toutes marques et noms de produits mentionnés dans ce livre demeurent sous la protection des marques, des marques déposées et des brevets, et sont des marques ou des marques déposées de leurs détenteurs respectifs. L'utilisation des marques, noms de produits, noms communs, noms commerciaux, descriptions de produits, etc, même sans qu'ils soient mentionnés de façon particulière dans ce livre ne signifie en aucune façon que ces noms peuvent être utilisés sans restriction à l'égard de la législation pour la protection des marques et des marques déposées et pourraient donc être utilisés par quiconque.

Coverbild / Photo de couverture: www.ingimage.com

Verlag / Editeur:
Presses Académiques Francophones
ist ein Imprint der / est une marque déposée de
OmniScriptum GmbH & Co. KG
Bahnhofstraße 28, 66111 Saarbrücken, Deutschland / Allemagne
Email: info@presses-academiques.com

Herstellung: siehe letzte Seite /
Impression: voir la dernière page
ISBN: 978-3-8416-3831-1

Table des matières

Introduction générale... 7

Chapitre 1 : Etat de l'art 10

1. Introduction 10

2. Advanced Resource Connector (ARC) 10

2.1. Les services d'ARC 11

2.2. Fonctionnement 13

3. gLite... 15

3.1. Les Services de gLite 15

    3.1.1. Le service d'accès (Interface Utilisateur : UI)................................ 16

    3.1.2. Le service de sécurité 16

    3.1.3. Le service de gestion de tâches (WMS).. 17

    3.1.4. Le service d'Informations (IS).. 17

    3.1.5. Le service de gestion de données 18

3.2. Architecture de gLite.. 18

3.3. Fonctionnement 18

4. Berkeley Open Infrastructure for Network Computing (BOINC)..................... 20

4.1. Architecture de BOINC... 21

4.2. Fonctionnement 23

5. XtremWeb-CH 24

5.1. Architecture de XWCH 25

    5.1.1. Le coordinateur 26

5.1.2. Le Worker 29

5.1.3. L'Entrepôt (WareHouse) 30

5.1.4. Le Client 30

6. Conclusion 30

Chapitre 2 : Méthodes de gridification 32

1. Introduction 32

2. La gridification sous ARC 32

2.1. Syntaxe du langage XRSL 33

3. La gridification sous gLite 35

4. La gridification sous BOINC 40

5. La gridification sous XtremWeb-CH 50

6. Conclusion 63

Chapitre 3 : Outils de gestion de workflow, état de l'art 64

1. Introduction 64

2. Critères de comparaison 65

3. Etude comparative 66

3.1. P-GRADE 67

3.1.1. Architecture de P-GRADE 68

3.1.2. Middlewares 68

3.1.3. Portabilité 69

3.1.4. Structure dynamique de workflow 69

3.1.5. Domaine d'applications 69

3.1.6. Réutilisation de workflow 70

3.1.7. Interopérabilité 70

3.2. JOpera 71

3.2.1. Architecture de JOpera...71

3.2.2. Middlewares...72

3.2.3. Portabilité..72

3.2.4. Structure dynamique de workflow...74

3.2.5. Domaine d'applications..74

3.2.6. Réutilisation de workflow...74

3.2.7. Interopérabilité..74

3.3. Taverna...74

3.3.1. Architecture de Taverna...75

3.3.2. Middlewares...75

3.3.3. Portabilité...75

3.3.4. Structure dynamique de workflow...76

3.3.5. Domaine d'applications..76

3.3.6. Réutilisation de workflow...76

3.3.7. Interopérabilité..76

3.4. Pegasus..76

3.4.1. Architecture de Pegasus...78

3.4.2. Middlewares...78

3.4.3. Portabilité...78

3.4.4. Structure dynamique de workflow...79

3.4.5. Domaine d'applications..79

3.4.6. Réutilisation de workflow...79

3.4.7. Interopérabilité..79

3.5. Kepler...79

3.5.1. Architecture de Kepler..80

    3.5.2. Middlewares 80

    3.5.3. Portabilité 80

    3.5.4. Structure dynamique de workflow 81

    3.5.5. Domaine d'applications 81

    3.5.6. Réutilisation de workflow 81

    3.5.7. Interopérabilité 81

4. Bilan 82

5. Conclusion 83

Chapitre 4 : Gridification de MedGIFT 85

1. Introduction 85

2. Architecture de MedGIFT 86

3. Gridification de MedGIFT sous XtremWeb-CH 88

4. Gridification de MedGIFT sous ARC 92

5. Gridification de MedGIFT avec JOpera 94

5.1 Gridification de MedGIFT utilisant JOpera avec déploiement sous XWCH ... 94

5.2. Gridification de MedGIFT utilisant JOpera avec déploiement sous ARC 101

6. Gridification de MedGIFT sous ARC utilisant P-GRADE 106

7. Conclusion 108

Conclusion générale 110

Bibliographie 113

Annexe A 118

Annexe B 124

Annexe C 127

Table des figures

Figure 1 : Fonctionnement d'ARC 14

Figure 2 : Fonctionnent de gLite 19

Figure 3 : Duplications des WU en Results sous BOINC 22

Figure 4 : Architecture de BOINC 23

Figure 5 : Fonctionnement de BOINC 23

Figure 6 : Architecture de XtremWeb-CH (XWCH) 25

Figure 7 : Graphe des tâches 37

Figure 8 : Outil de gestion de workflow 65

Figure 9 : Editeur graphique de P-GRADE 67

Figure 10 : Interopérabilité dans P-GRADE 70

Figure 11 : Architecture de JOpera 71

Figure 12 : Adaptateur pour le middleware ARC 73

Figure 13 : Adaptateur pour le middleware XtremWeb-CH 73

Figure 14 : Modification de workflow par Pegasus 77

Figure 15 : Architecture de MedGIFT 87

Figure 16 : Les adaptateurs de JOpera 95

Figure 17 : Flux de contrôle de MedGIFT 95

Figure 18 : Flux de données de MedGIFT 95

Figure 19 : L'adaptateur XWCH_CONF_APP 97

Figure 20 : L'adaptateur ECHO 98

Figure 21 : l'adaptateur XWCH_FILE_UPLOAD 99

Figure 22 : l'adaptateur XWCH_JOB 100

Figure 23 : l'adaptateur XWCH_FILE_DOWNLOAD 101

Figure 24 : L'adaptateur ARC pour JOpera 102

Figure 27 : Flux de contrôle 105

Figure 28 : Flux de données 105

Figure 29 : Workflow de MedGIFT 106

Figure 30 : Les attributs d'un job 107

Figure 31 : Génération du fichier XRSL par P-GRADE 107

Figure 32 : Visualisation de la progression de l'exécution des jobs MedGIFT.... 108

Introduction générale

Les concepts et technologies associés au Grid et au calcul volontaire sont utilisés pour déployer et exécuter des applications consommatrices de ressources informatique (processeur, mémoire centrale, disque dur, réseau, etc.) sur un ensemble de machines hétérogènes, géographiquement distribuées et souvent administrées par des institutions différentes. Ces applications sont dites de haute performance (High Performance Computing : HPC). L'objectif du Grid et du calcul volontaire est d'utiliser les ordinateurs disponibles et non utilisés pour exécuter des applications gourmandes en ressources informatiques.

Le concept Grid est similaire à celui de la grille électrique. On consomme de l'électricité sans savoir l'origine de l'énergie consommée. Cette analogie est introduite la première fois en 1999 par Ian Foster et Carl Kesselman dans leur livre désormais célèbre « The Grid : Bleuprint for a New Computing Infrastructure ».

Les middlewares Grid les plus connus sont Globus [1], gLite [2], Advanced Resource Connector (ARC) [3] et Unicore [4]. Le middleware de calcul volontaire le plus connus est BOINC [5].

Depuis leur apparition au milieu des années 90, ces outils ont suscité beaucoup d'intérêts de la part des communautés de chercheurs. L'utilisation de ces middlewares reste toutefois limitée compte d'un certain nombre de problèmes. L'un d'eux est celui de l'écriture et/ou réécriture des applications informatiques pour qu'elles puissent être déployées de manière optimisée sur ces plateformes Grid et/ou calcul volontaire. L'expression d'un parallélisme adapté à l'architecture Grid reste encore un problème ouvert.

Les middlewares Grid offrent souvent, des outils permettant d'exprimer le parallélisme inhérent à une application. Toutefois, ces outils restent très propriétaires : l'utilisateur est obligé de réécrire son application au cas où il migre d'un middleware à un autre. Ce problème rappelle celui de la portabilité connue dans le cas des systèmes d'exploitation et des architectures des processeurs.

Par ailleurs, dans le cas où le programme utilisateur est composé de plusieurs tâches, il serait intéressant d'envisager le cas où ces tâches sont exécutées par des middlewares et/ou plateformes différents en fonction de la disponibilité, la performance ou le coût d'utilisation de l'infrastructure. Ce critère rappelle les aspects d'interopérabilité connus dans les bases de données par exemple.

Les outils de gestion de workflow tentent d'apporter une solution à ces deux problèmes. Ces derniers visent à coordonner et synchroniser l'exécution d'un ensemble des tâches qui appartiennent à la même application. On se place ici dans un contexte où une application est composée d'un ensemble de tâches ayant des relations de précédence.

Les outils de gestion de workflow sont supposés idéalement :

- faciliter la gridification de l'application.
- garantir la portabilité.
- assurer l'interopérabilité entre les différents middlewares.

Mêmes si ces fonctionnalités ne sont pas encore complètement opérationnelles dans la majorité des outils de gestion workflow, ces derniers essaient, dans la limite du possible d'apporter des réponses plus ou moins complètes et efficaces à ces besoins.

Il existe plusieurs outils de gestion de workflows tels que : Taverna [6], JOpera [7], P-GRADE [8] et Pegasus [9]. Le choix entre ces outils dépend des exigences de l'application et de l'utilisateur.

8

Les objectifs de ce travail de recherche sont les suivants :

- dresser l'état de l'art des middlewares Grid et calcul volontaire,
- établir une étude comparative entre les outils de gestion de workflow les plus connus en se basant sur un ensemble des critères qui seront détaillés plus tard,
- comparer les techniques de gridification « propriétaires » supportées par les middlewares grid et calcul volontaire d'une part, et celles proposées pas les outils de gestion workflow d'autre part,
- comparer pratiquement certains outils de gestion de workflow dans le cas concret d'une application scientifique afin de mieux toucher aux caractéristiques de ces outils.

Le présent document est organisé comme suit :

- Le premier chapitre présente les middlewares de Grid et de calcul volontaire. Son objectif est de présenter leurs architectures générales et d'expliquer leurs principes de fonctionnement. Quatre middlewares sont concernés : gLite, Advanced Resource Connector (ARC), BOINC et XtremWeb-CH.
- Le second chapitre présente les méthodes de gridification sous les middlewares de Grid et de calcul volontaires présentés au premier chapitre. L'objectif est de positionner ces techniques par rapport à celles supportées par les outils de gestion de workflow
- Le troisième chapitre aborde une étude comparative théorique de cinq outils de gestion de workflow : JOpera, Taverna, P-GRADE, Pegasus et Kepler.
- Le quatrième chapitre détaille la gridification d'une application d'indexation d'images médicales appelée MedGIFT sous les middlewares ARC et XtremWeb-CH en « natif » et en utilisant les outils de gestion de workflow JOpera et P-GRADE.

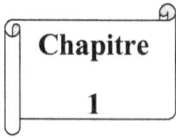

Etat de l'art

1. Introduction

L e propos de ce chapitre est de présenter quatre middlewares de grille (Grid) et calcul volontaire. Il s'agit de « Advanced Resources Connector » (ARC), gLite, BOINC et XtremWeb-CH. Ces middlewares sont souvent utilisés pour le déploiement et l'exécution d'applications consommatrices de ressources informatiques (processeur, mémoire centrale, disque dur, réseau, etc.) appelées communément applications de haute performance (High Performance Computing : HPC).

Une section sera consacrée à chacun de ces quatre middlewares.

2. Advanced Resource Connector (ARC)

Advanced Resource Connector (ARC) est un middleware développé dans le cadre du projet Européen NorduGrid [10] qui a démarré en 2002. Environ 40 institutions européennes de 10 pays ont participé à ce projet. Un second projet européen du nom KnowARC [11] a permis de valoriser et d'utiliser ARC dans le cas concret de plusieurs applications de haute performance.

ARC supporte des fonctions telles que la découverte et la surveillance des ressources, la soumission et la gestion des tâches ainsi que la gestion des données. Ce middleware est basé sur des solutions standards « open source » telles que OpenLDAP [12] et OpenSSL [13].

2.1. Les services d'ARC

ARC supporte plusieurs services développés en utilisant la boite à outils GLOBUS (GLOBUS Toolkit) :

- **Information System (IS) :** ce service permet de renseigner à propos de l'état de la grille. Il collecte les informations relatives à l'état des ressources (dans la terminologie ARC, une ressource est en général un cluster, appelée aussi Computing Element (CE)), l'état des applications soumises à la grille, la charge des réseaux etc. Il se compose principalement de deux sous services :

  - •**Grid Resource Information Service (GRIS) :** Ce service est installé au niveau de chaque ressource, il collecte les informations relatives à la charge de la ressource et les états des tâches soumises à cette ressource.
  - •**Grid Index Information Service (GIIS) :** Ce service récupère les informations collectées par les GRISs et les centralise dans une seule base de données.

  - •**Grid Manager (GM) :** Ce service s'installe au niveau d'une ressource. Lors de la réception de la tâche, le GM lui crée un 'répertoire session' qui contient le fichier exécutable ainsi que les fichiers d'entrée ou leurs liens (s'ils sont localisés sur un autre serveur).
  - •**User Interface (UI) :** ARC fournit une interface utilisateur sous forme d'un ensemble de commandes utilisées pour la gestion des tâches. Lors de la soumission d'une tâche, l'UI joue le rôle d'un Brocker, il interroge le IS pour

consulter l'état de la grille et choisir la ressource la mieux appropriée qui répond aux exigences de la tâche décrite par l'utilisateur dans un fichier spécial créé à cet effet (eXtended Resource Spécification Language : XRSL). Le contenu de ce fichier est détaillé dans le chapitre suivant. Dans ce qui suit, nous citons les principales commandes utilisées pour la gestion des jobs sur ARC :

> •*ngsub* : permet de soumettre un job, Cette commande accepte, comme paramètre, un fichier XRSL décrivant le job. Le résultat de retour de cette commande est l'identifiant du job soumis.
>
> •*ngstat [options] <jobID1>...<jobIDN>* : permet de récupérer l'état d'un job. Les arguments de cette commande sont les identifiants des jobs.
>
> •*ngget <jobID1>...<jobIDN>* : récupère les fichiers résultat de l'exécution des jobs passés en paramètres.
>
> •*ngkill <jobID1>...<jobIDN>* : permet d'annuler l'exécution des jobs.
>
> •*ngclean <jobID1>...<jobIDN>* : permet de supprimer les fichiers des jobs annulées par l'utilisateur.

•**Local Resource Management System (LRMS)** : Ce service s'installe au niveau d'une ressource, il reçoit les requêtes venant du GM (tâches qui seront exécutées sur la ressource concernée). Les LRMS supportés par ARC sont : Portable Batch System (PBS), Simple Linux Utility for Resource Management (SLURM), LoadLevel, Load Sharing Facility (LSF), Sun Grid Engine (SGE), Condor et XtremWeb-CH.

•**Security Service (SS)** : La gestion de la sécurité sous *ARC* est basée sur des certificats *X.509* :

> ✓ **Certificat** : C'est l'équivalent d'une carte d'identité. Il contient les informations relatives à l'utilisateur telles que son nom et son organisation virtuelle (VO). Il contient aussi des informations relatives

12

à l'autorité de certification telles que son nom et sa signature électronique. Un certificat est valide pour une durée de temps (généralement une année) et contient également sa date d'expiration.

✓ **Certification Authority (CA) :** C'est une institution à laquelle la grille fait confiance et dont le rôle est de fournir des certificats aux individus qui souhaitent utiliser la grille. Le certificat est valide pour une année renouvelable.

L'utilisateur est amené à utiliser le certificat pour s'authentifier afin d'accéder aux ressources de la grille selon des privilèges qui dépendent de l'organisation virtuelle à laquelle il appartient.

Une (VO) est un ensemble d'individus ou/et institutions ayant généralement des intérêts communs. Ces "intérêts" sont souvent traduits par un ensemble de droits d'accès aux ressources de la Grille. Le partage de ces ressources est géré par une politique claire qui définit la gestion des droits d'accès [14]. Le composant (service) Virtual Organisation Membership Service (VOMS) assure la correspondance entre les utilisateurs et leurs privilèges.

•**Computing Element (CE) :** Le CE représente les ressources qui sont généralement des clusters.

•**Storage Element (SE) :** Il s'agit d'un serveur de fichiers muni du protocole GridFTP [15] pour permettre la sauvegarde des données de grandes tailles et leurs transferts vers les CEs.

2.2. Fonctionnement

La figure 1 montre l'interaction entre les services du middleware ARC :

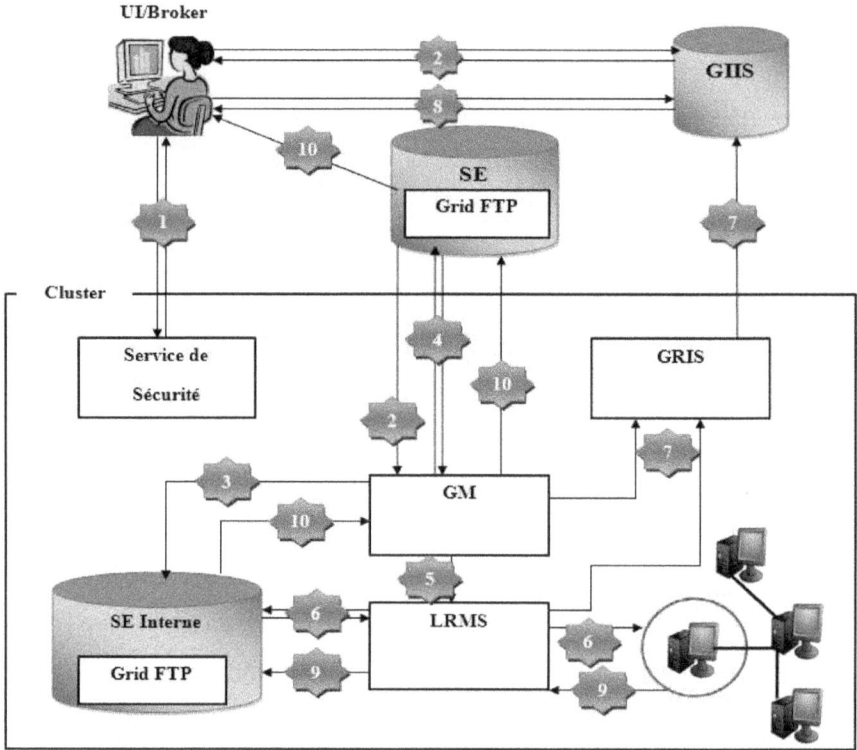

Figure 1 : Fonctionnement d'ARC

1) Pour soumettre son application décrite par un fichier XRSL, l'utilisateur s'authentifie au niveau du cluster auquel il est autorisé à travers le service UI.

2) Le Brocker interroge le GIIS et récupère les taux d'occupation de CEs pour choisir celui qui est le plus approprié.

3) Le GM reçoit le fichier XRSL et crée un répertoire temporaire pour stocker les données relatives à l'application soumise.

4) Le GM récupère les données relatives à l'application du SE à travers le protocole GridFTP.

5) Lorsque tous les fichiers relatifs à l'application sont stockés dans le répertoire courant, le GM soumet l'application au LRMS qui se charge de son exécution.

14

6) Le LRMS renvoie le binaire et les données d'entrée à un nœud (un cluster est composé de plusieurs nœuds) pour les exécuter.

7) Le service GRIS surveille l'activité au niveau du cluster et met à jour le GIIS.

8) L'utilisateur peut surveiller les états de son application via le GIIS.

9) Le LRMS récupère le résultat d'exécution qu'il stocke initialement dans le répertoire temporaire.

10) Le GM renvoie le résultat directement à l'UI ou à un SE selon la spécification de l'utilisateur à travers son XRSL.

Une tâche soumise au middleware ARC peut avoir l'un des états suivants : « accepted », « preparing », « submitting », « inlrms », « canceling », « finishing », « pending », « finished », et « deleted ». L'annexe 'A' détaille les différentes transitons entre les états d'un job sous ARC.

3. gLite

gLite est le middleware développé dans le cadre du projet ***Enabling Grids for E-sciencE*** (*EGEE*) [16]. Il est basé sur une architecture orientée service. *EGEE* est un projet de recherche européen financé par la *Communauté des Etats Européens* (*CEE*). L'un de ses objectifs est de fournir aux chercheurs scientifiques une infrastructure de calcul fiable et disponible à 100%.

3.1. Les Services de gLite

Le middleware gLite est composé d'un ensemble des services qui assurent la cohérence et le bon fonctionnement de la plateforme. Ces services sont au nombre de cinq : *le service d'accès, le service de sécurité, le service de gestion des tâches, le service d'informations* et enfin *le service de gestion des données*. Dans ce que suit, nous présentons ces cinq services :

3.1.1. Le service d'accès (Interface Utilisateur : UI)

Les utilisateurs de la grille interagissent avec les autres services à travers une interface utilisateur fournie par le service d'accès. Cette interface est composée d'un ensemble de commandes qui permettent à l'utilisateur de soumettre des tâches, suivre leurs états, récupérer les fichiers résultats, etc. Ces commandes permettent de masquer la complexité du système. De ce fait, un client peut facilement interagir avec les différents services du WorkLoad Managment Service (WMS). Dans ce qui suit, nous citons les principales commandes utilisées pour la gestion des jobs sur gLite :

- *glite-wms-job-submit* : permet de soumettre un job. Cette commande accepte, comme paramètre, un fichier JDL (Job Description Language) décrivant le job. Le retour de cette commande est l'identificateur du job soumis. La syntaxe du fichier JDL sera décrite dans le chapitre 2.

- *glite-wms-job-status [options] <jobID1>...<jobIDN>* : permet de récupérer l'état d'un job. Les arguments de cette commande sont les identificateurs des jobs soumis par l'utilisateur.

- *glite-wms-list-match* : récupère la liste des identificateurs des jobs soumis par le client.

- *glite-wms-job-cancel <jobID1>...<jobIDN>* : annule l'exécution des jobs soumis.

- *glite-wms-job-output <jobID1>...<jobIDN>:* récupère les fichiers résultat des jobs.

- *glite-wms-job-logging-info <jobID>* : récupère l'historique de l'exécution d'un job dont l'identifiant est l'argument jobID.

3.1.2. Le service de sécurité

Ce service englobe des composants qui gèrent l'authentification et l'autorisation d'accès à la grille. Il permet de contrôler l'accès aux ressources, la gestion des privilèges des différents utilisateurs ainsi que l'authentification des utilisateurs, des machines et des services. Il permet aussi d'assurer l'intégrité des données sur le réseau.

Comme ARC, la gestion de la sécurité sous *gLite* est basée sur des certificats *X.509*. Pour pouvoir utiliser gLite, un utilisateur doit appartenir à une organisation virtuelle (VO).

Une fois authentifié, l'utilisateur peut accéder aux différents services de la grille. Le certificat de l'utilisateur est censé être utilisé par les différents services de *gLite* pour identifier les requêtes de l'utilisateur avant de les exécuter.

3.1.3. Le service de gestion de tâches (WorkLoad Management Service : WMS)

Le WMS est le noyau du middleware gLite. Il se décompose lui-même de plusieurs composants qui assurent la gestion et le traçage de l'exécution des tâches sur les ressources de la grille.

Le WMS alloue les jobs de l'utilisateur aux CEs, de sorte que :

- Les jobs sont toujours exécutés sur les ressources qui répondent à leurs exigences.
- L'équilibrage du charge sur la graille est maintenu, c.-à-d. les jobs sont efficacement distribués sur la grille entière.

3.1.4. Le service d'Informations (Information and Monitoring System: IS)

Le service d'information IS est utilisé pour publier les informations qui seront utilisées par les autres services de la grille. Il publie, par exemple, les informations sur les ressources de la grille, les états des jobs et la performance de réseaux, etc. Ces informations peuvent aussi être utilisées pour l'administration et la surveillance (monitoring).

3.1.5. Le service de gestion de données

Ce service assure la gestion des données sur la grille. Il permet de stocker les données. L'élément de stockage est appelé Storage Element (SE).

L'utilisateur n'a pas besoin de connaitre l'emplacement des fichiers ni leurs noms physiques. Le service de gestion de données assure le lien entre les noms physiques des fichiers et leurs noms logiques.

3.2. Architecture de gLite

Du point de vue de l'infrastructure, la grille *EGEE* est composée d'un ensemble de « sites ». Un site est constitué d'un ensemble de machines appelées Computing Elements (CE) et d'un ou plusieurs SEs. A titre d'illustration, un CE peut être un cluster, super-calculateur, station de travail, PC, etc. Un CE est généralement composé d'un ensemble de machines appelées Worker Nodes (WN).

3.3. Fonctionnement

Le rôle du WMS (Figure 2) est d'accepter les jobs soumis par les utilisateurs, de les allouer aux ressources appropriées, de suivre leur exécution et de récupérer les fichiers résultats de l'exécution. La machine sur laquelle tourne le WMS est appelée un Resource Broker (RB).

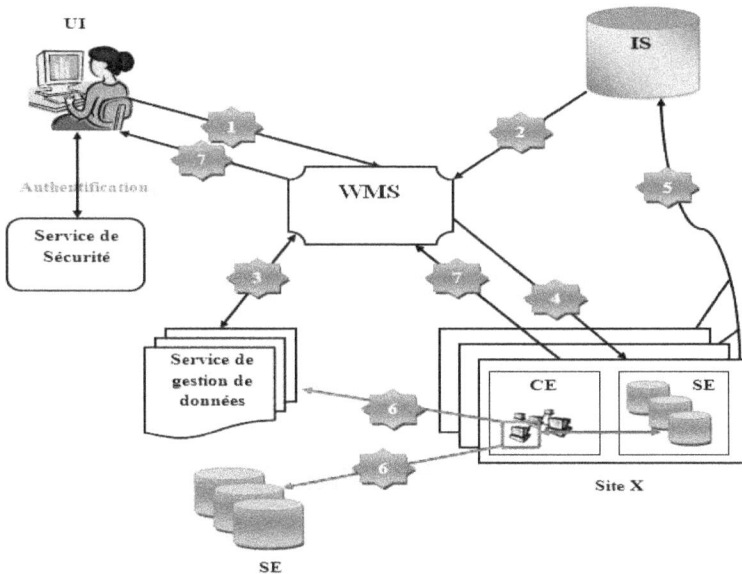

Figure 2 : Fonctionnent de gLite

Le job est soumis au WMS par le client (1). Pour la sélection de la CE appropriée, le WMS envoie le job à un processus nommé 'match-maker'. Ce processus consulte le service d'information IS pour obtenir les informations nécessaires concernant l'état des différents CEs. Il sélectionne ensuite la liste de CEs qui peuvent exécuter le job en question (2). Le WMS consulte le service de gestion des données, pour localiser les fichiers d'entrée requis par le job (3). La localisation du SE qui héberge les fichiers d'entrée peut être un critère qui influence le choix du CE le plus approprié. Par ailleurs, si les données d'entrée sont de petites tailles, elles seront envoyées directement vers la machine RB. Dans le cas contraire, l'utilisateur envoie ces données sur des SEs et doit donc spécifier les références des fichiers envoyés lors de la description de son job.

Après avoir sélectionné un CE, le WMS prépare le job pour soumission et l'envoie par la suite au site correspondant (4). A son tour, le CE gère en local les jobs reçus. Il peut, toutefois, mettre des jobs dans une file d'attente si aucun Worker Node (WN) n'est libre. Les données d'entrée seront copiées à partir du SE vers le WN correspondant. Les WNs et les SEs contactent les services d'information pour transmettre les états des jobs, et leur statut (5). Dans le cas où un site refuse d'exécuter un job, le WMS le resoumet automatiquement à un autre CE. Le nombre de resoumissions possibles peut être spécifié par l'utilisateur lors la description de son job.

Après son exécution, un job produit en général des fichiers résultats qui sont copiés sur les SEs et enregistrés dans le service de gestion des données (6). Si les fichiers résultats sont de petite taille, le CE peut directement les envoyer à la machine RB.

Un utilisateur peut suivre l'exécution de son job et peut récupérer les fichiers résultats à la fin d'exécution (7). Un job peut avoir l'un des états suivants: ***submitted, waiting, ready, scheduled, running, done, cancelled, aborted, et cleared.*** L'annexe A illustre les différentes transitions entre les états d'un job.

4. Berkeley Open Infrastructure for Network Computing (BOINC)

BOINC est le projet successeur du projet seti@home [17]. Ce dernier a connu un énorme succès et a permis de monter, pour la première fois, qu'il est possible d'exécuter des applications de haute performance sur des plateformes largement distribuées.

L'objectif de seti@home est de chercher s'il existe une certaine forme d'intelligence dans les signaux extra-terrestres récupérés par les radars. Le code déployé sur les machines qui participent au projet est unique. Même si son utilité reste discutable, ce projet a montré la faisabilité scientifique et technologique de l'approche, à savoir le déploiement d'une application de haute performance sur une plateforme distribuée à grande échelle.

Dans ce contexte, BOINC peut être perçue comme une généralisation de seti@home.
Il permet de déployer n'importe quelle application sur Internet. Il s'agit donc d'un middleware multi applications.

Dans BOINC, les ressources de calcul sont essentiellement des ordinateurs personnels individuels répartis sur Internet et non des ressources qui appartiennent à des institutions comme c'est le cas pour une plateforme de type grille.

4.1. Architecture de BOINC

BOINC est basé sur une architecture Maître/esclave. Le coordinateur (maître) gère l'allocation des tâches aux workers (esclave). Le logiciel "worker" s'installe sur le poste de l'ordinateur volontaire et gère l'exécution des tâches. Un volontaire peut participer à plusieurs projets simultanément. Chaque application BOINC utilise son propre coordinateur : elle est divisée en tâches indépendantes dites "WorkUnit (WU)". Chaque WU est dupliqué (cloné) en plusieurs tâches identiques appelées "result" (Figure 3). Ces tâches sont supposées fournir le même résultat. Ce principe permet donc de contrôler la validité des données reçues à partir de plusieurs workers anonymes exécutant des "results" relatifs au même WorkUnit.

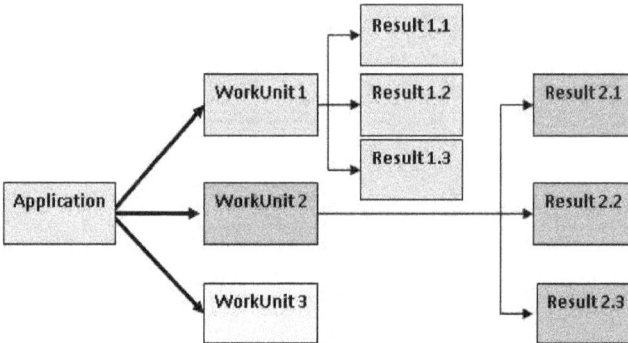

Figure 3 : Duplications des WU en Results sous BOINC

Le coordinateur BOINC est composé d'un ensemble de composants et de processus démons. Les plus importants sont les suivants (Figure 4) [18] :

❖ **Base des données BOINC** : Cette base de données contient les informations relatives aux workers, WorkUnits, Results, etc.

❖ **Base de données\application"** : certaines applications utilisent leur propre base de données pour enregistrer les résultats du calcul qu'elles exécutent.

❖ **Serveur de fichiers** : Ce démon gère le transfert des fichiers entre les clients BOINC et le coordinateur (par http).

❖ **Générateur des tâches (work generator)** : pour chaque application, ce démon enregistre, dans la base des données BOINC, les informations relatives aux WorkUnits. Ces informations sont récupérées à partir d'un fichier XML écrit par l'utilisateur.

❖ **Transitionneur (transitioner)** : Ce démon gère les "results" des WorkUnits : results perdus, état des WU, etc.

❖ **Validateur (validator)** : pour chaque application, ce démon compare les données générés par les résultats relatifs à un même WorkUnit pour générer un résultat dit canonique, supposé être le résultat définitif du WU en question.

22

❖ **Assimilateur (assimilator)** : Ce démon enregistre dans la base de données les résultats des WorkUnits qui ont fini leur exécution.

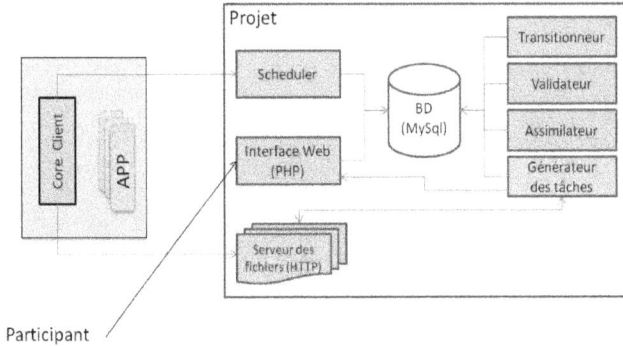

Figure 4 : Architecture de BOINC

4.2. Fonctionnement

Cette section, montre l'interaction entre les composants principaux de *BOINC* (figure 5) :

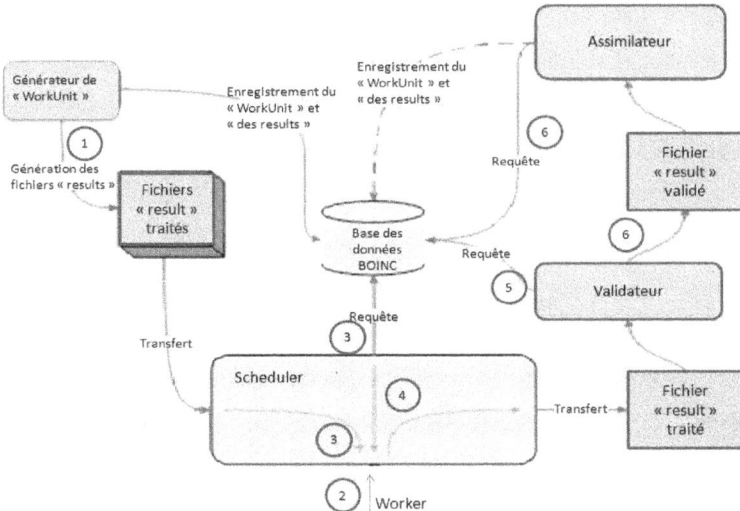

Figure 5 : Fonctionnement de BOINC

23

1) Le générateur des tâches enregistre les différents WUs dans la BD de *BOINC*. Chaque WU est décrit dans un fichier « template.xml ». Le contenu de ce fichier est détaillé dans le chapitre suivant.

2) Les workers envoient des requêtes au coordinateur pour demander des jobs à exécuter.

3) Le Scheduler de BOINC alloue les « Result » aux workers demandeurs.

4) Après l'exécution des «Result», les workers renvoient les résultats d'exécution au scheduler qui met à jour l'état de WU dans la base des données.

5) Le validateur est le programme qui permet la validation et la comparaison des résultats. Il consulte périodiquement la base des données, et se rend compte qu'un WU a été traité. Dans le cas où il y a plusieurs résultats par WU, le validateur doit trouver un nombre minimum de résultats corrects pour valider ce WU.

6) L'assimilateur permet de gérer la fin des WUs. Il consulte périodiquement la base des données pour avoir l'état d'avancement des différents WUs. Une fois le résultat canonique est identifiée pour un WU, l'assimilateur marque ce dernier comme terminé. L'assimilateur peut aussi gérer les précédences entre les tâches.

5. XtremWeb-CH

XtremWeb-CH (*XWCH*) [19] est un middleware de calcul volontaire qui permet de faciliter le déploiement et l'exécution des applications parallèles et distribuées sur une infrastructure de calcul basée sur un ensemble des ressources publiques.

5.1. Architecture de XWCH

La figure 6 présente l'architecture générale du middleware XtremWeb-CH. Celle-ci est composée des modules suivants : le coordinateur, les clients, les workers et les entrepôts (Warehouses).

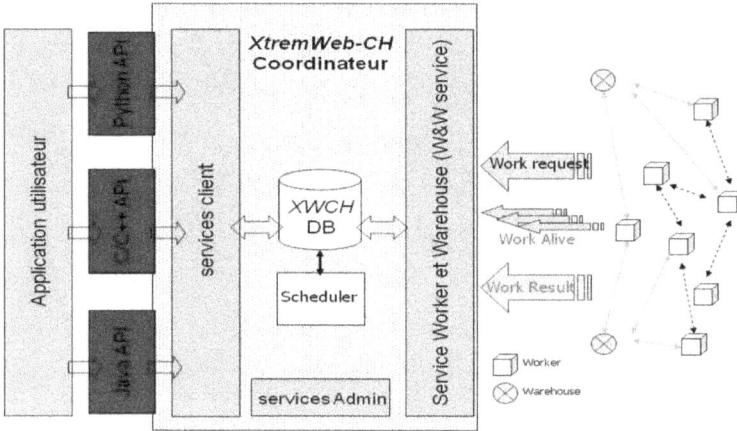

Figure 6 : Architecture de XtremWeb-CH (XWCH)

Le coordinateur a la charge "d'orchestrer" l'ensemble des autres modules. Il s'occupe entre autres de :

- la collecte d'informations relatives aux applications à exécuter,
- la collecte des informations relatives aux workers et aux entrepôts,
- l'ordonnancement des tâches,
- la gestion de la volatilité.

Un programme client, permet à l'utilisateur de soumettre des tâches grâce à une API spécifique. Le module worker, installé sur les différentes machines qui composent l'infrastructure utilisée, s'occupe de l'exécution des tâches. Le module entrepôt stocke les fichiers résultats des tâches qui ont fini leur exécution. Ces fichiers seront sollicités par d'autres tâches.

25

Les sections qui suivent décrivent plus en détail ces quatre modules.

5.1.1. Le coordinateur

Le module coordinateur est composé de trois services web et d'une base de données. Les trois services web sont les suivants : Worker&Warehouse Service (W&W Service), ClientService et AdminService. Le W&W Service assure la communication des workers et des entrepôts avec le coordinateur. Le service web Client Service est utilisé par le client pour soumettre ses tâches et suivre leurs exécutions. Le service web Admin Service permet de contrôler le coordinateur, il fournit des méthodes qui permettent, entre autres, de démarrer et arrêter le coordinateur.

5.1.1.1. La base de données

La base de données est composée principalement de tables suivantes :

❖ **Table Applications** : Contient les applications soumises par les utilisateurs. Chaque application peut être composée de plusieurs tâches. Une application est représentée par son identifiant, l'identifiant de l'utilisateur ainsi qu'une brève description.

❖ **Table Modules** : contient les modules créés par les utilisateurs (clients). On peut supposer qu'un module est un code source. Il peut être compilé pour s'exécuter sur plusieurs plateformes (Windows, Linux, x86, Sparc, etc.). Un module sera représenté par plusieurs codes exécutables.

❖ **Table ModulePlateForme** : contient les références sur les binaires qui représentent un module : identifiant du module, nom du fichier exécutable, système d'exploitation relatif à cet exécutable, type de processeur, etc.

❖ **Table Client** : Stocke les informations sur les clients lorsque ces derniers s'enregistrent auprès du coordinateur : nom, prénom, email, identifiant unique, etc.

❖ *Table Jobs* : cette table contient toutes les tâches soumises au coordinateur : exécutable à lancer, fichiers d'entrées, statut de la tâche, identifiant de l'application à qui appartient la tâche, etc. Cette table est mise à jour par le service ClientService du coordinateur

❖ *Table Workers* : contient les informations relatives aux workers : identifiant unique, type de la plateforme, OS, etc. Cette table est mise à jour par le W&W service.

❖ *Table Warehouses* : c'est la table qui maintient les informations relatives aux entrepôts. Elle est mise à jour chaque fois où un entrepôt communique avec le coordinateur.

❖ *Table WorkSessions* : Cette table est utilisée pour allouer les tâches aux workers. Elle est mise à jour par le Scheduler.

❖ *Table HistoryJob* : contient l'historique de l'exécution des tâches. Cette table est nécessaire pour tracer l'exécution des tâches.

5.1.1.2. Le service web Worker & Warehouse (W&W Service)

Ce service se charge de contrôler, surveiller et collecter les informations relatives aux workers et aux entrepôts. Son rôle est de :

✓ mémoriser la liste des workers et des entrepôts qui s'inscrivent auprès du coordinateur.

✓ fournir les références relatives aux workers et aux entrepôts.

Les workers et les entrepôts communiquent avec le coordinateur via ce service. Ils envoient périodiquement des signaux WorkerAlive et WarehouseAlive au coordinateur pour signaler leurs présences. Le coordinateur détecte la déconnection d'un nœud (worker ou entrepôt) si celui-ci cesse d'envoyer le signal SignalAlive. Les méthodes offertes par ce service web sont :

❖ *WorkerRegister* : L'invocation de cette méthode par le worker ne se fait qu'une seule fois lorsque ce dernier se connecte au coordinateur. Le worker reçoit comme paramètre de retour un identifiant unique. Cet identifiant sera utilisée dans les différents appels aux méthodes du service web W&W Service.

❖ *WorkerAlive* : Chaque invocation de cette méthode est suivie par une mise à jour de la table worker. Les paramètres de cette méthode sont les suivants : l'identifiant unique du worker, l'adresse LAN et la progression. Le paramètre progression indique l'état du worker : en cours de réception de données, en cours d'exécution, en attente d'exécution de tâches, etc.

❖ *WarehouseAlive* : Les paramètres à fournir lors d'un envoi d'un signal SignalAlive sont : l'identifiant de l'entrepôt et son adresse LAN.

❖ *WorkRequest* : un worker qui veut exécuter une tâche doit invoquer la méthode WorkRequest en précisant son identifiant unique comme paramètre. Le coordinateur lui renvoie, comme réponse, une tâche à exécuter.

❖ *WorkResult* : à travers cette méthode, le worker informe le coordinateur de la fin de l'exécution d'une tâche. Parmi les paramètres de cette méthode on peut citer : l'identifiant de job exécuté, l'identifiant de WorkSession et l'état de l'exécution. L'état de l'exécution peut être une exécution sans ou avec erreur. L'erreur peut être une erreur d'exécution, de transfert des fichiers, de communication, physique liée à la machine worker etc.

❖ *GetWarehouseList* : permet de recevoir une liste actualisée des entrepôts connectés au coordinateur. Cette méthode est utilisée par les clients, les différents workers et les entrepôts pour chercher et transférer des données. La liste retournée par le coordinateur contient toutes les références aux entrepôts : l'adresse WAN, l'adresse LAN, le port de communication etc.

5.1.1.3. Le service web Client (Client Service)

Le web service "Client Service" permet au programme client de communiquer avec le coordinateur. Il permet également de suivre l'exécution des tâches et télécharger les résultats. Ce service sert à porter et « gridifier » l'application utilisateur. Il sera traité en détail au chapitre 2.

5.1.1.4. Le service web Admin (Admin Service)

Ce service vise à administrer la plateforme. Les méthodes supportées par ce service web sont les suivantes :

Start/Stop Scheduler : Ces deux méthodes permettent de démarrer ou d'arrêter le coordinateur.

5.1.2. Le Worker

Les workers sont des programmes *Daemon* installés sur les machines distantes, anonymes, volontaires et géographiquement distribuées. Les workers sont souvent placés derrière des pares-feu. Ils ne sont pas atteignables par le coordinateur.

Un worker envoie périodiquement deux types de signaux (requêtes) au coordinateur :

- WorkAlive : Durant l'exécution d'un job, le worker émet des signaux WorkAlive pour informer le coordinateur de sa présence.
- WorkRequest : Les workers libres envoient des demandes WorkRequest pour demander des jobs à exécuter.

Lorsqu'un worker finit son exécution, il stocke les fichiers résultats (output) dans l'entrepôt.

5.1.3. L'Entrepôt (WareHouse)

La communication entre les composants de la plateforme repose sur l'échange des fichiers et l'invocation des web services. Notons à ce stade que les entrepôts, dans XWCH, peuvent être des machines dédiées ou des machines Workers volatiles : ces sont des serveurs des fichiers qui stockent des fichiers intermédiaires pour usage ultérieure. Les fichiers sont référencés par des identifiants uniques. Chaque entrepôt maintient une liste des autres entrepôts récupérés depuis le serveur XWCH auquel il est connecté. Lorsqu'un demandeur (Client, Worker) fait une requête de recherche des fichiers, celle-ci est propagée (broadcast) jusqu'à ce qu'elle atteigne un entrepôt possédant les fichiers recherchés.

La référence sur ce dernier, qui est unique, est alors retournée au demandeur qui n'aura plus qu'à télécharger le fichier.

5.1.4. Le Client

Le module client est un programme qui fait appel aux APIs de XWCH. Ces APIs sont mises à la disposition du client (programmeur) pour pouvoir soumettre des applications sur XtremWeb-CH. Cette API sera décrite en détail dans le chapitre suivant.

6. Conclusion

Ce chapitre présente les quatre middlewares : ARC, gLite, BOINC et XtremWeb-CH. Un intérêt particulier a été porté à l'architecture et aux services apportés par ces middlewares.

ARC et gLite sont deux middlewares pour la mise en place de grille de calcul. BOINC et XtremWeb-CH sont deux middlewares pour construire des plateformes de calcul volontaire, ces deux middlewares "utilisent" les machines connectées sur Internet pour former une grande puissance de calcul. La communication directe entre les machines volontaires n'est possible que sur XtremWeb-CH. Chacun de ces middlewares possède un mécanisme spécifique pour la description des tâches. Une étude détaillée de ces mécanismes est présentée dans le chapitre suivant.

Méthodes de gridification

1. Introduction

L'un des problèmes majeurs qui restent encore ouverts dans les grilles de calcul et les systèmes de calcul volontaires est le portage des applications sur ces plateformes. C'est ce qui est appelé souvent la gridification. Choisir une plateforme Grid revient souvent à choisir la méthode et/ou l'outil utilisé pour porter et déployer son application. L'utilisateur se trouve « esclave » de cet outil : la portabilité dans les plateformes Grid et calcul volontaire est encore une utopie.

Le propos de ce chapitre est de décrire les méthodologies de gridification adoptées par les middlewares présentés au premier chapitre. Cette étude servira de base pour le reste de ce document.

2. La gridification sous ARC

Globus a développé un langage de spécification des tâches appelé RSL Resource Specification Language (RSL) [20]. Le projet NorduGrid a repris RSL au moment du développement du middleware ARC.

2.1. Syntaxe du langage XRSL

Une tâche est décrite par des attributs XRSL, qui sont transmis par l'intermédiaire d'une ligne de commande, ou sont rassemblés dans un fichier XRSL (NonFichier.xrsl). Un tel fichier contient une liste des paires 'attribut=valeur' et d'opérandes "**&**" (ET) et "**|**" (OU).

Une paire d'attribut-valeur est un élément principal pour la spécification des tâches. Elle se compose d'une expression qui assigne un ou plusieurs valeurs à un attribut :

(attribut="valeur")

(attribut="valeur1" "valeur2") pour les attributs multi valeurs

La description d'une tâche en XRSL commence par le caractère '**&**' pour indiquer une conjonction entre l'ensemble des attributs.

& (attribut1=valeur1) (attribut2="valeur2") (attribut3="valeur3") ...

Toutefois, une disjonction entre les attributs est nécessaire, la construction suivante peut être employée :

(| (attribut1=valeur1) (attribut2="valeur2") (attribut3="valeur3"))

La description suivante représente une spécification d'un job sous ARC (Calcul du déterminant d'une équation de second degré (Delta.xrsl) :

&

(jobname="Calcul-Delta")

```
(executable = "delta")

(inputfiles= ("in.txt" "in.txt"))

(outputfiles=("out.txt" ""))

( | (cluster="idgc3grid01.uzh.ch") (cluster="smscg.inf.usi.ch"))

(opsys="fedora")

(architecture="i386")

(starttime="2010-12-10 21:30")

(stderr= "delta.err")

(notify="karim.hassen@hotmail.fr")
```

Les attributs utilisés dans cet exemple sont les suivants :

- ❖ *executable :* C'est le fichier binaire qui sera exécuté au niveau d'un WorkNode. Il pourrait être un binaire compilé ou un script. Si un exécutable doit être transféré à partir d'une certaine source distante, il doit être indiqué dans la liste des fichiers d'entrée 'inputFiles'.

- ❖ *inputfiles :* Les fichiers de données qui seront utilisés par le fichier binaire sont indiqués dans la liste de l'attribut 'inputfiles'. Ce dernier est un attribut multi-valeurs. Si un fichier de donnée se trouve sur la machine de l'utilisateur, son nom doit être dupliqué au niveau de cet attribut (valeur1=valeur2= nom de fichier). Sinon (fichier de donnée se trouve sur une machine distante), il faut introduire l'URL de ce fichier au niveau de la 2ème valeur de l'attribut 'inputfiles'.

- ❖ *outputfiles :* Cet attribut permet à l'utilisateur de lister les fichiers résultats de l'exécution de la tâche représentée par le fichier binaire. Si l'utilisateur désire sauvegarder ces fichiers résultat dans un élément de stockage (SE)

34

spécifique, il faut introduire l'URL de ce SE au niveau de la 2ème valeur de l'attribut 'outputfiles'. Si cette valeur est vide, alors les fichiers résultats de l'exécution de la tâche doivent être récupérés en utilisant la commande ngget.

❖ *jobname :* Cet attribut permet à l'utilisateur d'introduire un nom pour désigner sa tâche.

❖ *cluster :* Cet attribut désigne le cluster où sera exécutée la tâche. Si l'utilisateur a le droit d'accéder à plusieurs clusters, il doit utiliser une disjonction (|) entre ces attributs. L'attribut 'cluster' est un attribut optionnel.

❖ *opsys :* Cet attribut désigne le nom du système d'exploitation nécessaire pour l'exécution de la tâche.

❖ *architecture :* Cet attribut désigne l'architecture du système d'exploitation indiqué au niveau de l'attribut 'opsys'.

❖ *starttime :* Cet attribut permet à l'utilisateur d'indiquer la date de début de l'exécution pour la tâche en question.

❖ *stderr :* Cet attribut permet de lister dans un fichier l'ensemble des erreurs durant l'exécution de la tâche.

❖ *notify :* Permet à l'utilisateur d'être informé lorsque la tâche finit son exécution.

Les détails concernant la syntaxe et les attributs de langage XRSL sont présentés dans [21]. Le langage XRSL ne permet pas à l'utilisateur de décrire les dépendances entre les tâches. La tâche représentée par le ficher au-dessus (Delta.xrsl) peut être soumise au middleware ARC en utilisant la commande *'ngsub –f Delta.xrsl'*

3. La gridification sous gLite

gLite fournit des lignes des commandes spécifiques pour la soumission des jobs. Avant de le soumettre à gLite en utilisant ces commandes, un job doit être décrit avec un langage spécifique appelé Job Description Langage (JDL) [22] [2]. Un fichier dont l'extension est '.jdl' doit être créé à cet effet.

JDL est basé sur une syntaxe composée d'un ensemble d'attributs et d'expressions sous la forme "attribut=expression". Cette syntaxe est similaire à celle de C/C++. Avec ces attributs, on peut décrire entre autres, les caractéristiques suivantes :

- *Mode d'exécution des jobs* : il peut être l'un de ces valeurs suivantes :

  ✓ **Batch** : Job composé d'un ensemble de commandes.
  ✓ **Interactive** : Le flux de la communication standard 'Stream' est redirigé vers le client.
  ✓ **Checkpoint** : Le job enregistre ses états, De cette façon, il peut reprendre son exécution à partir du dernier point auquel il a été suspendu ou arrêté.

- *Dépendances entre les jobs (DAG).*
- *Contraintes sur les machines ciblées et leurs caractéristiques* (système d'exploitation, mémoire, capacité de stockage, performance, etc.).
- *Accès aux données* : l'utilisateur peut spécifier une liste des protocoles de transfert pouvant être utilisés pour accéder aux données requises par les jobs et qui sont localisées sur les différents Storage Elements (SE).

- *Priorités sur les préférences de l'utilisateur concernant les ressources souhaitées.*

De manière générale, les attributs de JDL sont décomposés en trois groupes :

- ❖ **Job attributes** : représentent les contraintes exigées par l'utilisateur et que le WorkLoad Management System (WMS) doit respecter lors de l'ordonnancement des jobs.
- ❖ **Data attributes** : représentent les données d'entrées d'un job et les informations relatives à un SE.

❖ **Requirements and Rank** : Permettent à l'utilisateur de spécifier ses préférences en termes de ressources. Ces préférences sont exprimées avec des attributs, appelés "Resource Attributes", qui ne font pas partie des attributs prédéfinies de JDL et qui doivent être précédées par le mot clé "**other**". Ces attributs dépendent du schéma adopté pour la publication des informations sur les ressources appelé "Information service schema". Cette indépendance par rapport au "Information service schema" fait de JDL un langage extensible qui permet d'accéder à des ressources décrites par des différents systèmes d'information.

Le graphe de précédence de l'application de résolution d'une équation de second degré est modélisé par la figure suivante

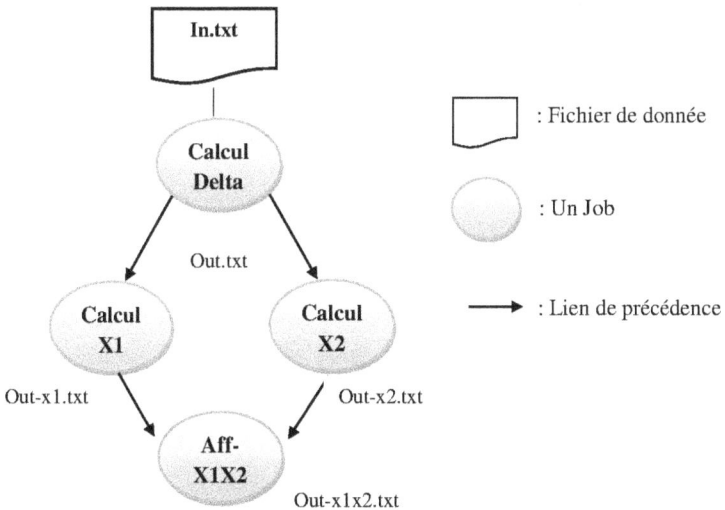

Figure 7 : Graphe des tâches

Pour la gridification sous gLite de cette application, on présentera dans ce qui suit les spécifications de deux tâches 'Calcul Delta' et 'Aff-X1X2'. Les spécifications de

37

'Calcul X1' et 'Calcul X2' sont similaire à celui de 'Calcul Delta'. Un intérêt particulier est accordé à la tâche 'Aff-X1X2' car elle admet plusieurs entrées.

Fichier JDL du job 'CalculDelta' (delta.jdl)

```
Type = "Job";
JobType = "Normal";
Executable = "/root/delta";
StdOutput = "std.out";
StdError = "std.err";
InputSandbox = {"in.txt","delta"};
OutputSandbox = {"std.err","out.txt"};
InputData = {"in.txt"};
DataAccessProtocol = {"file", "gridftp"};
```

Fichier JDL du job 'Aff-X1X2' (aff.jdl)

```
Type = "Job";
JobType = "Normal";
Executable = "/root/prog-aff";
StdOutput = "std.out";
StdError = "std.err";
InputSandbox = {"out-x1.txt","out-x2.txt","prog-aff"};
OutputSandbox = {"std.err","out-x1x2.txt"};
InputData = {"out-x1.txt","out-x2.txt"};
DataAccessProtocol = {"file", "gridftp"};
```

Fichier JDL de l'application (equ_sec_deg.jdl)

---

max_nodes_running = 2 ; // nombre des jobs s'exécutant en même temps.

node= [

      CalculDelta=[file= "/root/node/delta.jdl";] ;

      CalculX1=[file= "/root/node/x1.jdl";] ;

      CalculX1=[file= "/root/node/x2.jdl";] ;

      Aff-X1X2=[file= "/root/node/aff.jdl";] ;

      dependencies={

                {CalculDelta, CalculX1} ;

                {CalculDelta, CalculX2} ;

                {{CalculX1, CalculX2}, Aff-X1X2};

                }

    ];

Les attributs utilisés dans cet exemple sont les suivants :

- ✓ **Type** : permet de spécifier la nature du job (Job, DAG).
- ✓ **JobType** : permet de spécifier le mode d'exécution d'un job.
- ✓ **StdOutPut, StdError** : définit la sortie standard ainsi que celle de messages d'erreur.
- ✓ **InputSandbox** : liste des fichiers d'entrée (de petites tailles) envoyés au WMS puis au CE.
- ✓ **OutputSandbox** : liste des fichiers, de petites tailles, récupérées depuis le WMS par l'interface utilisateur après l'exécution du job.
- ✓ **InputData** : listes des fichiers d'entrée pour le job qui doivent être présents sur un SE. Avant de soumettre son job, l'utilisateur envoie ces fichiers d'entrée sur des SEs moyennant des lignes de commandes.

✓ **DataAccessProtocol** : obligatoire si l'attribut InputData est spécifié. C'est la liste des protocoles que l'application doit utiliser pour accéder aux fichiers listés dans InputData.

Contrairement au langage XRSL, le langage JDL offre à l'utilisateur la possibilité de décrire les dépendances entre les tâches qui forment son application.

4. La gridification sous BOINC

Un WorkUnit (WU) n'est autre qu'un job BOINC qui représente un calcul à effectuer. Pour un même WU on peut créer plusieurs results. Les étapes de la création d'un WU sont :

1) Ecrire les deux fichiers "templates" XML qui décrivent le WU et ses fichiers d'entrée et de sortie correspondants.
2) Ecrire le programme Client, créer physiquement les fichiers d'entrée et les placer dans les bons endroits.
3) Soumettre le job.

Nous détaillerons dans ce qui suit ces étapes en se basant sur l'application de la figure 7. On présentera dans ce qui suit les spécifications de deux tâches 'Calcul Delta' et 'Aff-X1X2'. Les spécifications de 'Calcul X1' et 'Calcul X2' sont similaire à celui de 'Calcul Delta'. Un intérêt particulier est accordé à la tâche 'Aff-X1X2' car elle admet plusieurs entrées.

Le job 'CalculDelta' admet comme entrée un fichier "in.txt" et l'exécutable "delta". Ces fichiers sont décrits dans un fichier XML appelé "input_template_delta.xml":

Job : CalculDelta

Fichier XML décrivant les entrées de WU 'CalculDelta'
_(input_template_delta.xml)_

<file_info>

<number>0</number>//ordre du fichier d'entrée

  <url>http: // 129.99.99.99/in.txt</url> //placement du fichier

</file_info >

<workunit>

  <file_ref> //fichier d'entrée

    <file_number >0</file_number >//ordre du fichier d'entrée

    <file_name>in.txt</ file_name>//nom du fichier d'entrée

    <open_name>input.txt</open_name>//nom logique

  </ file_ref >

  <file_ref >

    <file_number >1</file_number>

    <file_name>delta</file_name>

    <main_program/>//c'est le fichier exécutable.

  </ file_ref>

[<command_line> delta</ command_line>]

[<credit>10</ credit>] // crédit attribué pour une exécution

[<rsc_memory_bound>64<// rsc_memory_bound>//mémoire nécessaire

</workunit>

Pour un fichier d'entrée, on spécifie son emplacement, nom logique, nom physique, etc. l'utilisateur peut ajouter d'autres options comme les arguments pour l'exécutable, le crédit attribué pour une exécution, etc.

41

Un WU est censé produire un ou plusieurs fichiers de sortie (output). Ces fichiers doivent aussi être décrits dans un fichier XML (results_template.xml) :

Fichier XML décrivant les sorties de WU 'CalculDelta'
(results_template_delta.xml)

```
<file_info>
  <name>out.txt<name>//nom physique
  <generatedlocally/>// utilisé quand il s'agit d'un fichier sortie
  <upload_when_present />
  <max_nbytes>32768</max_nbytes>// taille maximale autorisée
  <url>http: // 129.99.99.99</ url>// emplacement de fichier de sortie
</ file_info>
<result>
  <file_ref>
    <file_name>out.txt</ file_name>//nom physique
    <open_name>determinant.txt</open_name>//nom logique
  </ file_ref>
</ result>
```

Pour un fichier de sortie, l'utilisateur peut spécifier son emplacement, taille maximale, nom logique, etc.

Job : Aff-X1X2

Fichier XML décrivant les entrées de WU 'Aff-X1X2'
(input_template_affx1x2.xml)

```
<file_info>
<number>0</number>
  <url>http: // 129.99.99.99/out-x1.txt</url>
```

42

```
</file_info >

<file_info>

<number>1</number>

    <url>http: // 129.99.99.99/out-x2.txt</url>

</file_info >

<workunit>

  <file_ref>

    <file_number >0</file_number >

    <file_name>out-x1.txt</ file_name>

    <open_name>output-x1.txt</open_name>

  </ file_ref >

  <file_ref>

    <file_number >1</file_number >

    <file_name>out-x2.txt</ file_name>

    <open_name>output-x2.txt</open_name>

  </ file_ref >

  <file_ref >

    <file_number >2</file_number>

    <file_name>aff-x1x2</file_name>

    <main_program/>

  </ file_ref>

[ <command_line> aff-x1x2</ command_line> ]

[ <credit>10</ credit> ]

[ <rsc_memory_bound>64</// rsc_memory_bound>]
```

```
</workunit>
```

Fichier XML décrivant les sorties de WU 'Aff-X1X2'
(results_template_affx1x2.xml)

```
<file_info>
    <name>out-x1x2.txt<name>
    <generatedlocally/>
    <upload_when_present />
    <max_nbytes>32768</max_nbytes>
    <url>http: // 129.99.99.99</ url>
</ file_info>
<result>
    <file_ref>
        <file_name>out-x1x2.txt</ file_name>
        <open_name>resulta-finale.txt</open_name>
    </ file_ref>
</ result>
```

L'API fournie par BOINC permet d'écrire un programme client permettant de générer les WUs. La principale routine est "create_work ()" qui permet de créer un WU dans la BD du projet. Le programme client qui utilise l'API BOINC et qui permet de générer les WUs de l'exemple présenté par la figure 7 est le suivant :

```
DB APP app;
DBWORKUNIT wu_delta;
```

```
char * wu_template ;

const char * infiles [] = {"delta" , "in.txt "} ;

read_file_malloc ( "templates/input_template_delta.xml" , wu_template ) ;

char command_line[256]= "delta " ;

config.download_path ( " infile " , path ) ;

FILE_ f = fopen ( path , "w") ;

fwrite ( f , "random_stuff ") ;

fclose ( f ) ;

wu_delta. clear ( ) ; // intialisation a zero

app.lookup (. . .) ; // initialisation application à partir de la BD

strcpy (wu_delta.name, "WU CalculDelta") ; // attribuer un nom au WU

wu_delta.appid=app.id ; // attribuer WU à une application

wu_delta.min_quorum=2 ;

wu_delta. target_nresults=10 ; //nombre d'instances (result) à créer initialement

wu_delta. max_error_results=5; //nombre d'instances autorisées. Une fois dépassé
le

WU est marqué comme ayant une erreur permanente.

wu_delta. Max_total_results=5 ; //nombre max autorisé des instances à créer

wu_delta. max_success_results=5 ; //nombre max des instances
correctes.wu.rsc_memory_bound= 1e8 ; / / capacité mémoire

wu_delta.rsc_disk_bound = 1e8 ; // capacité disque dur

wu_delta.delay_bound = 7_86400; // échéance d'exécution

/*******************/

/*    WorkUnit Delta   */

/*******************/
```

```
create_work (

wu_delta, // objet WU

wu_template, // nom de WU templete des fichiers d'entrée

"templates/results_template_delta.xml ", // path relatif au output

"templates/results_template_delta.xml ", // path absolu

infiles, // les fichiers d'entrée

2, //nombre des fichiers d'entrée

config, // configuration

command_line // ligne de commande (arguments)

) ;

/*********************/

/*    WorkUnit CalculX1   */

/*********************/

DBWORKUNIT wu_x1;

const char * infiles2 [] = {"prog-x1"} ;

read_file_malloc ( "templates/input_template_x1.xml" , wu_template ) ;

char command_line2[256]= "prog-x1" ;

config.download_path ( " infile2 " , path ) ;

FILE_ f = fopen ( path , "w") ;

fwrite ( f , "random_stuff ") ;

fclose ( f ) ;

wu_x1. clear () ;

app.lookup () ;

strcpy (wu_x1.name, "WU CalculX1") ;
```

```
wu_x1.appid=app.id ;

wu_x1.min_quorum=2 ;

wu_x1. target_nresults=10 ;

wu_x1. max_error_results=5;

wu_x1. Max_total_results=5 ;

wu_x1. max_success_results=5 ;

wu_x1.rsc_disk_bound = 1e8 ;

wu_x1.delay_bound = 7_86400;

create_work (wu_x1, wu_template, "templates/results_template_x1.xml ",

"templates/results_template_x1.xml ", Infiles2, 2, config, command_line2 ) ;

/*********************/

/*    WorkUnit CalculX2   */

/*********************/

DBWORKUNIT wu_x2;

const char * infiles3 [] = {"prog-x1"} ;

read_file_malloc ( "templates/input_template_x2.xml" , wu_template ) ;

char command_line3[256]= "prog-x2" ;

config.download_path ( " infile3 " , path ) ;

FILE_ f = fopen ( path , "w") ;

fwrite ( f , "random_stuff ") ;

fclose ( f ) ;

wu_x2. clear ( ) ;

app.lookup () ;

strcpy (wu_x2.name, "WU CalculX2") ;
```

```
wu_x2.appid=app.id ;

wu_x2.min_quorum=2 ;

wu_x2.target_nresults=10 ;

wu_x2. max_error_results=5;

wu_x2. Max_total_results=5 ;

wu_x2. max_success_results=5 ;

wu_x2.rsc_disk_bound = 1e8 ;

wu_x2.delay_bound = 7_86400;

create_work (wu_x2,wu_template, "templates/results_template_x2.xml ",

"templates/results_template_x2.xml ", Infiles3, 2,config,command_line3) ;

/***********************/

/*    WorkUnit Aff-X1X2   */

/***********************/

DBWORKUNIT wu_aff;

const char * infiles4 [] = {"aff-x1x2"} ;

read_file_malloc ( "templates/input_template_affx1x2.xml" , wu_template ) ;

char command_line4[256]= "affx1x2" ;

config.download_path ( " infile4 " , path ) ;

FILE_ f = fopen ( path , "w") ;

fwrite ( f , "random_stuff ") ;

fclose ( f ) ;

wu_aff. clear () ;

app.lookup () ;

strcpy (wu_aff.name, "WU Aff-X1X2") ;
```

```
wu_aff.appid=app.id ;

wu_aff.min_quorum=2 ;

wu_aff. target_nresults=10 ;

wu_aff. max_error_results=5;

wu_aff. Max_total_results=5 ;

wu_aff. max_success_results=5 ;

correctes.wu.rsc_memory_bound= 1e8

wu_aff.rsc_disk_bound = 1e8 ;

wu_aff.delay_bound = 7_86400;

create_work (wu_aff, wu_template, "templates/results_template_affx1x2.xml ",

"templates/results_template_affx1x2.xml ", Infiles4,2, config, command_line4 ) ;
```

L'utilisateur spécifie ses préférences dans l'objet WU. Les paramètres les plus importants de l'objet WU sont cités dans ce qui suit :

- ❖ **wu.min_quorum** : nombre d'instances équivalentes (results).
- ❖ **wu.target_nresults** : nombre d'instances (results) à créer initialement. Il doit être supérieur au paramètre "wu.min quorum".
- ❖ **wu.max_error_results** : nombre d'instances erronées autorisées. Une fois dépassé, le WU est marqué comme un job ayant une erreur permanente et aucun result n'est créé. Ceci permet d'éviter que des WU bloquent une application.
- ❖ **max_success_results** : nombre maximal d'instances correctes. Ce paramètre est utilisé pour éviter les WUs qui produisent des results non déterministes.
- ❖ **wu.delay_bound**: échéance d'exécution. Il est utilisé pour resoumettre le job en cas où son exécution sur un worker dépasse cette échéance.

49

❖ **wu.rsc_memory_bound** : estimation de l'espace mémoire utilisée par une instance d'un WU.

❖ **wu.rsc_disk_bound** : estimation de la capacité disque dur utilisée par un result du WU.

Dû à son origine, BOINC a été créé pour aider à résoudre des problèmes distribués pour lesquels les unités de travail sont indépendantes. Il ne propose pas des possibilités de communication inter-nœuds ou inter-tâches. Toutes les communications passent par le serveur BOINC, plus précisément, à travers la BD et le serveur de fichier (http).

5. La gridification sous XtremWeb-CH

Pour soumettre une application distribuée à la plateforme XtremWeb-CH, l'utilisateur doit développer un programme qui fait appel à l'API de XtremWeb-CH. Les routines de gestion des jobs permettent à l'utilisateur (programmeur) d'interagir avec la plateforme XWCH. L'API considérée dans cette section est utilisée pour être invoquée à partir des programmes écrits en Java. Le programme Java suivant représente la gridification de l'application représentée par la figure 7 sous le middleware XWCH :

```
import xwchclientapi.XWCHClient;
import xwchclientapi.util.PlateformEnumType;
import xwchclientapi.XWCHClient.fileref;
import java.io.*;
import java.util.zip.*;
public class XWCHEqSecDeg {
    public static void main(String[] args) {
```

```
            XWCHEqSecDeg xwcd = new XWCHEqSecDeg();

        try {

            xwcd.EqSecDeg(args[0], args[1]);

            }

    catch (Exception e)

      {e.printStackTrace();}

}


  public void EqSecDeg(String ServerAddress, String IdClient) throws Exception
{

    XWCHClient c = new XWCHClient(ServerAddress, ".", IdClient, 5, 1);

    if (!c.Init()) {

      System.out.println("Erreur d'intialisation!!!");

      throw new Exception();}


    if (!c.PingWarehouse()) {

      System.out.println("Erreur d'ecouter le Warehouse");

      throw new Exception();}


    //creation d'une application

    String appid = c.AddApplication("EquationSecDeg");

    if (appid == null) {

      System.out.println("Erreur de creation de l'application");

      throw new Exception();}

    System.out.println("Succes de la création de l'application");
```

```
//creation d'un module

String modid = c.AddModule("Module Delta");

if (appid == null) {

    System.out.println("Erreur de la creation du Module");

    throw new Exception();

}

System.out.println("Succes de la creation du module");

//script pou Windows

String refw = c.AddModuleApplication(modid, "delta.zip",
PlateformEnumType.WINDOWS);

System.out.println("Succes de l'ajout des fichiers données " + refw);

fileref fref = c.AddData("data.zip"); // Fichiers d'entrée de la tâche. Dans
notre cas, ce fichier est vide

String foutid = c.GetUniqueID(); //ID du fichier de sortie

System.out.println("Soumission du Job");

String notif1 = "\n" +

    "*******************************\n" +

    "*          Job Calcul Delta          *\n" +

    "*******************************\n";


    System.out.print(notif1);

/ *************************/

// Description du job calcul Delta

/ *************************/

String job_delta = c.AddJob("Job Delta", //Description de la tâche
```

52

```
        appid, //Identifiant de l'application

        modid, //Identifiant du Module

        "delta", //ligne de commandes

        fref.toJobReference(), //Fichiers d'entrée

        "regexp:.*", // Fichiers de sortie: Dans notre cas : tous les fichiers
générés par la tâche

        "outDelta", // Nom du fichier compressé

        "");
    if (job_delta == null) {

        System.out.println("Erreur de Soumission du Job");}

    System.out.println("waiting for job");

    String status = "";

    while (!status.equalsIgnoreCase("COMPLETE")) {

        status = c.GetJobStatus(job_delta).toString();

        System.out.println(job_delta+" "+status);

        try {

            Thread.sleep(2000);}

        catch (InterruptedException ex) {

            System.out.println("Erreur au niveau de l'etat du Job");}

    }

    System.out.println("done, getting results " + foutid);

    c.GetJobResult(job_delta, foutid); //récupération du fichier résultat
/ *************************/

// Description du job calcul X1

/ *************************/
```

```
String modid_x1 = c.AddModule("Module Calcul X1");

    if (appid == null) {

        System.out.println("Erreur de la creation du Module");

        throw new Exception();}

    System.out.println("Succès de la création du module");

    String refw_x1 = c.AddModuleApplication(modid_x1, "x1.zip",
PlateformEnumType.WINDOWS);

    System.out.println("Succes de l'ajou des fichiers donnees " + refw_x1);

    while
(!c.GetJobStatus(job_delta).toString().equalsIgnoreCase("COMPLETE") &&
!c.GetJobStatus(job_delta).toString().equalsIgnoreCase("Killed"))

    {try {

        Thread.sleep(1000 * 5);}

    catch (InterruptedException ex) {

        System.out.println("Erreur dans le statut du Job: " + job_delta);}

    }

    String notif2 = "\n" +

        "*****************************\n" +

        "*          Job Calcul X1          *\n" +

        "*****************************\n";

    System.out.print(notif2);

    String X1InpuFile = c.GetJobFileOutName(job_delta);

    if (X1InpuFile == null)

        {System.out.println(" Fihier sortie du Job X1 est intouvable+\nExit");

        throw new Exception(); }
```

```
String foutid_x1 = c.GetUniqueID(); //ID du fichier de sortie

String job_x1 = c.AddJob("Job Calcul X1",

     appid,

     modid_x1,

     "prog-x1",

     X1InpuFile,

     "regexp:.*",

     foutid_x1,

     "");

String status2 = "";

 while (!status2.equalsIgnoreCase("COMPLETE")) {

   status2 = c.GetJobStatus(job_x1).toString();

   System.out.println(job_x1+" "+status2);

   try {

     Thread.sleep(2000);

   } catch (InterruptedException ex) {

     System.out.println("Erreur au niveau de l'etat du Job");}

 }

 System.out.println("done, getting results " + foutid_x1);

 c.GetJobResult(job_x1, foutid_x1);

/************************/

// Description du job calcul X2

/************************/

String modid_x2 = c.AddModule("Module Calcul X2");
```

```
if (appid == null) {

    System.out.println("Erreur de la creation du Module");

    throw new Exception();}

System.out.println("Succes de la creation du module");

String refw_x2 = c.AddModuleApplication(modid_x2, "x2.zip",
PlateformEnumType.WINDOWS);

    System.out.println("Succes de l'ajou des fichiers donnees " + refw_x2);

    while
(!c.GetJobStatus(job_delta).toString().equalsIgnoreCase("COMPLETE") &&
!c.GetJobStatus(job_delta).toString().equalsIgnoreCase("Killed"))

    {try {

        Thread.sleep(1000 * 5);

    } catch (InterruptedException ex) {

        System.out.println("Erreur dans le statut du Job: " + job_delta);

    }

}

String notif3 = "\n" +

    "****************************\n" +

    "*        Job Calcul X2        *\n" +

    "****************************\n";

System.out.print(notif3);

String X2InpuFile = c.GetJobFileOutName(job_delta);

if (X2InpuFile == null)

    {System.out.println(" Fihier sortie du Job X2 est intouvable+\nExit");

    throw new Exception();}
```

```
String foutid_x2 = c.GetUniqueID();

String job_x2 = c.AddJob("Job Calcul X2",

      appid,

      modid_x2,

      "prog-x2",

      X2InpuFile,

      "regexp:.*",

      foutid_x2,

      "");

String status3 = "";

  while (!status3.equalsIgnoreCase("COMPLETE")) {

    status3 = c.GetJobStatus(job_x2).toString();

    System.out.println(job_x2+" "+status3);

    try {

      Thread.sleep(2000);

    } catch (InterruptedException ex) {

      System.out.println("Erreur au niveau de l'etat du Job");}

  }

System.out.println("done, getting results " + foutid_x2);

c.GetJobResult(job_x2, foutid_x2);

/*****************************/

// Description du job affichageX1 X2

/*****************************/

String modid_aff = c.AddModule("Module Affichage X1X2");
```

```
if (appid == null) {

    System.out.println("Erreur de la creation du Module");

    throw new Exception();

}

System.out.println("Succes de la creation du module");

//script for Windows

String refw_aff = c.AddModuleApplication(modid_aff, "affichage.zip",
PlateformEnumType.WINDOWS);

System.out.println("Succes de l'ajou des fichiers donnees " + refw_aff);

while (!c.GetJobStatus(job_x1).toString().equalsIgnoreCase("COMPLETE")
&& !c.GetJobStatus(job_x1).toString().equalsIgnoreCase("Killed"))

{ try {

    Thread.sleep(1000 * 5);

  } catch (InterruptedException ex) {

    System.out.println("Erreur dans le statut du Job: " + job_x1); }

}

while (!c.GetJobStatus(job_x2).toString().equalsIgnoreCase("COMPLETE")
&& !c.GetJobStatus(job_x2).toString().equalsIgnoreCase("Killed"))

{try {

    Thread.sleep(1000 * 5);

  } catch (InterruptedException ex) {

    System.out.println("Erreur dans le statut du Job: " + job_x2);}

}

String notif4 = "\n" +

    "**************************************\n" +
```

```
"*          Job Affichage X1 X2          *\n" +
"*******************************\n";
System.out.print(notif4);
String affInpuFile_1 = c.GetJobFileOutName(job_x1);
if (affInpuFile_1 == null)
  {System.out.println(" Fihier sortie du Job X1 est intouvable+\nExit");
  throw new Exception(); }
String affInpuFile_2 = c.GetJobFileOutName(job_x2);
if (affInpuFile_2 == null)
  { System.out.println(" Fihier sortie du Job X2 est intouvable+\nExit");
  throw new Exception();}
String foutid_aff = c.GetUniqueID();
String affInputFileFinale=affInpuFile_1+";"+affInpuFile_2;
String job_aff = c.AddJob("Job Aff X1 X2",
      appid,
      modid_aff,
      "aff-x1x2",
      affInputFileFinale,
      "regexp:.*",
      foutid_aff,
      "");
String status4 = "";
while (!status4.equalsIgnoreCase("COMPLETE")) {
  status4 = c.GetJobStatus(job_aff).toString();
```

```
        System.out.println(job_aff+" "+status4);
        try { Thread.sleep(2000);
        } catch (InterruptedException ex) {
            System.out.println("Erreur au niveau de l'etat du Job"); }}
    System.out.println("done, getting results " + foutid_aff);
    c.GetJobResult(job_aff, foutid_aff); //récupération du fichier résultat
System.out.println(affInputFileFinale);
  }
}
```

Pour pouvoir utiliser les services de la plateforme XWCH, l'utilisateur doit créer un objet *xwch* de la classe ***XWCHClient***. Le constructeur de cette classe admet les paramètres suivants :

- **XWCHAddress :** l'URL du coordinateur.
- **DataFolder :** le dossier de travail sur la machine locale du client. Ce dossier contient les fichiers nécessaires à l'exécution de l'application.
- **ClientId :** l'identificateur du client. Le ClientId est transmis à l'utilisateur par le système XWCH lors de l'inscription de l'utilisateur.

Une fois l'objet xwch créé, les méthodes suivantes peuvent être appelées par le programme de l'utilisateur (programme client) :

- ✓ **init :** permet d'initialiser le contexte d'exécution. Cette routine initialise la connexion avec le coordinateur et choisit un entrepôt parmi ceux qui sont reconnus par ce même coordinateur. L'entrepôt, choisi au hasard, sera utilisé pour stocker les fichiers de l'application (exécutables et données).

    Le fait de choisir arbitrairement un entrepôt évite le risque que plusieurs clients travaillent en même temps sur le même entrepôt. Le client a, toutefois, la possibilité de spécifier un entrepôt bien particulier. Cette méthode est sans paramètres.

✓ **AddApplication :** cette méthode permet de créer une application. La méthode AddApplication admet un seul paramètre qui est le nom de l'application à créer (chaine de caractères). Elle renvoie, comme paramètre de retour, un identifiant unique qui représente l'application créé. Cette identifiant sera utilisé pour créer les jobs appartenant à l'application en question.

✓ **AddModule :** au même titre que la méthode AddApplication, cette méthode crée un module sur le coordinateur. La méthode AddModule admet un seul paramètre qui est le nom ou la description du module à créer (chaine de caractères). Un module est représenté par un ou plusieurs binaires exécutables tournant chacun sur une configuration particulière (Windows, linux, Intel, etc.). Le paramètre de retour de cette méthode est utilisé lors de la création de jobs pour une application particulière.

✓ **AddModuleApplication :** Cette méthode permet d'envoyer un exécutable (binaire) de l'application concernée à la plateforme XWCH cible. Concrètement, ces exécutables sont stockés dans l'entrepôt de travail. Les paramètres de cette routine sont :

- ModuleId : identifiant du module.
- BinaryFileName : localisation du fichier exécutable (compressé) du module en question.
- Plateforme : spécifie la plateforme du fichier exécutable : Windows, Linux, SunOS.

L'utilisation de md5 assure l'intégrité du transfert. Dans le cas où l'utilisateur désire transmettre plusieurs exécutables relatif au même module, il doit alors invoquer cette méthode plusieurs fois avec des fichiers et des plateformes différentes.

✓ **AddData** : permet d'envoyer les données d'un job client (appartenant à une application) à un entrepôt. Une donnée n'est autre qu'un fichier compressé pouvant lui-même contenir plusieurs fichiers. Le seul paramètre de cette routine est le nom du fichier à envoyer. Le retour de cette méthode est une référence sur ce fichier.

✓ **GetJobFileNameOut** : permet de récupérer la référence sur le fichier résultat de l'exécution d'un job. Cette routine admet un seul paramètre : l'identifiant du job.

✓ **AddJob** : Elle permet d'envoyer un job pour exécution. Les paramètres les plus importants de cette routine sont les suivants :

- TaskName : description du job. Celui-ci est utilisé lors de la visualisation de l'exécution de l'application.
- ApplicationId : identifiant de l'application déjà créée.
- ModuleId : identifiant du module à qui le job est censé appartenir.
- CmdLine : la ligne de commande exécutée par le worker pour le compte du job en question
- InputFiles : les noms des fichiers d'entrée du job.
- Listfileout : ce sont les fichiers résultat générés suite à l'exécution du job sur un worker. Ces fichiers seront compressés en un ou plusieurs fichiers.
- OutPutFileName : nom des fichiers output compressés du job. Ils incluent les fichiers dont leurs noms figurent dans le paramètre Listefileout.

✓ **GetJobStatus** : Cette routine permet de récupérer l'état d'un job. Son paramètre est l'identifiant de celui-ci. Le paramètre de retour est une structure des données qui renseigne sur l'état du job en question.

✓ **GetJobResult** : cette routine permet de récupérer sur le poste du client le fichier résultat d'un job depuis un entrepôt vers la machine local du client. Les paramètres de cette routine sont les suivants :

62

- IdTask : l'identifiant du job.
- FileName : le nom de fichier output.

Cette routine attend à ce que le job en question termine son exécution. Puis, lance une recherche de son fichier résultat sur les entrepôts.

6. Conclusion

Dans ce chapitre, nous avons présenté les méthodes de gridification des quatre middlewares : ARC, gLite, BOINC et XtremWeb-CH. Pour chaque middleware, nous avons détaillé son langage de description des tâches. Les API et/ou et les langages utilisés pour la gridification des applications sont intimement liés au middleware lui-même. Ceci revient à dire que l'utilisateur se trouve « esclave » du middleware qu'il a choisi auparavant. Toute migration d'un environnement à un autre reste tributaire de la réécriture complète du programme. La notion de programme portable dans les plateformes Grid et calcul volontaire reste encore à développer.

Les trois middlewares gLite, BOINC et XtremWeb-CH supportent l'exécution d'application composée de plusieurs tâches communicantes. Seul XtremWeb-CH permet une communication directe entre les différents nœuds de la plateforme.

Dans le but de remédier au problème de portabilités des programmes sur les plateformes Grid, plusieurs outils de gestion de workflow sont proposés. Ces outils assurent la coordination et la synchronisation entre les tâches qui forment l'application.

Une étude comparative de cinq outils de gestion de workflow dans ces environnements de calcul parallèle sera étudiée au niveau du $3^{\text{ème}}$ chapitre.

Chapitre
3

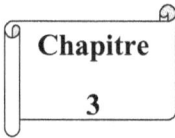

Outils de gestion de workflow, état de l'art

1. Introduction

U n workflow est la modélisation d'un ensemble des tâches soumises à des règles de précédence [23]. Cet ensemble de tâches est souvent appelé « processus ». Un processus représente une activité qui peut être décomposée en un ensemble de sous-activités (tâches) qui sont soumises à des contraintes de précédence.

Un outil de gestion de workflow permet de définir et contrôler l'exécution d'un workflow [24]. Il permet de coordonner et synchroniser l'exécution des tâches qui compose le processus. En informatique, le processus est une application composée de tâches. Dans ce contexte, il existe deux catégories d'outils de gestion de workflow : ceux qui gèrent les workflows de processus de management (Exemple : DADEPT [25], DataFlo, Kofax [26]) et ceux qui sont aux applications scientifiques (Exemple : Grid-Flow [27], Kepler [28], Triana, Pegasus).

Ce chapitre s'intéresse aux outils de gestion de workflow adaptés aux applications scientifiques déployées sur des plateformes Grid et/ou de calcul volontaire (Figure 8).

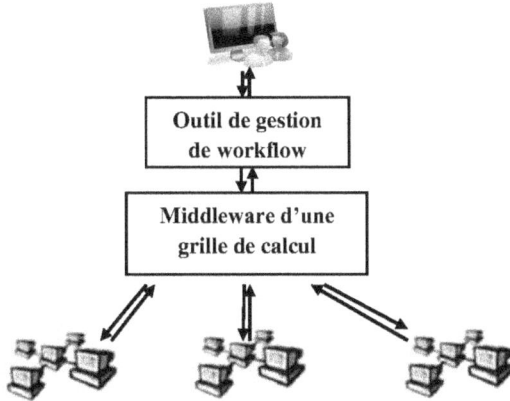

Figure 8 : Outil de gestion de workflow

Un outil de gestion de workflow est supposé décrire une application indépendamment du middleware Grid utilisé lors du déploiement. L'utilisateur modélise de façon formelle le graphe des tâches à exécuter. L'outil de gestion de workflow se charge plus tard de traduire la modélisation en une description relative au middleware supporté par la plateforme cible.

Ce chapitre présente une étude comparative de cinq outils de gestion de workflow d'applications scientifiques : P-GRADE, JOpera, Taverna, Pegasus et Kepler. Cette étude se base sur un ensemble des critères préalablement définis. L'organisation du chapitre est la suivante : la première section présente les critères de comparaison qui seront utilisés lors de l'étude des cinq outils de gestion de workflow. La deuxième section est consacrée à l'étude comparative elle-même. La troisième section présente une synthèse de cette étude.

2. Critères de comparaison

La comparaison entre les cinq outils de gestion de workflow : P-GRADE, JOpera, Taverna, Pegasus et Kepler se base sur les critères suivants :

✓ **Middlewares supportés :** Il s'agit des middlewares de Grid computing et de calcul volontaire supportés par l'outil de gestion de workflow. Il va sans dire qu'un outil de gestion de workflow doit pouvoir gérer le maximum de middlewares.

✓ **Portabilité :** cette caractéristique permet, au cas où elle est supportée par l'outil de gestion de workflow en question, de décrire le workflow une seule fois et de le déployer sur n'importe quel middleware Grid sans aucune adaptation. On peut alors prétendre que le workflow est portable. La notion de workflow portable est similaire à un programme portable en informatique, on écrit le code source de ce programme une seule fois mais on peut le déployer sur plusieurs systèmes d'exploitation (Windows, Linux, MacOS, etc.).

✓ **Structure dynamique de workflow :** ce critère s'intéresse à la question suivante : est-ce que l'outil en question est capable de supporter des graphes des tâches qui «changent» au cours de l'exécution de l'application ?

✓ **Domaine d'applications :** Il s'agit de répondre à la question suivante : est-ce que l'outil est dédié à une famille spécifique d'applications ou à toute famille d'applications ?

✓ **Réutilisation de workflow :** ce critère permet de préciser si l'outil en question offre à l'utilisateur la possibilité d'utiliser des workflows déjà modélisés dans d'autres workflows en cours de définition.

✓ **Interopérabilité :** Il s'agit de répondre à la question suivante : est-ce que les tâches qui appartiennent au même workflow peuvent être déployées sur des middlewares Grid différents ?

3. Etude comparative

Cette section est consacrée pour présenter en détails l'étude comparative entre les outils de gestion de workflow P-GRADE, JOpera, Taverna, Pegasus et Kepler.

3.1. P-GRADE

P-GRADE est un environnement graphique pour développer et exécuter des applications parallèles sur les clusters et les grilles de calcul. P-GRADE supporte MPI (Message Passing Interface) ainsi que condor [29] et Condor-G [29].

Le but du portail du P-GRADE est de rendre ses fonctionnalités disponibles via le web. Alors que P-GRADE sous sa forme originale exige l'installation de la totalité du système P-GRADE sur les machines clientes, la version portail a besoin seulement d'un navigateur web.

Puisque les graphes cachent les détails de communication de bas niveau, P-GRADE est un environnement de programmation idéal pour les programmeurs d'applications qui ne sont pas des experts en programmation concurrente/parallèle/distribuée.

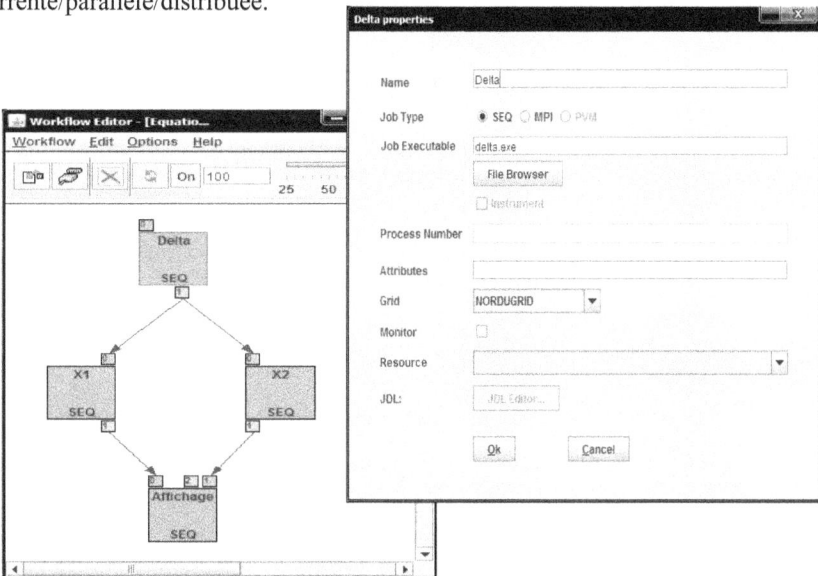

Figure 9 : Editeur graphique de P-GRADE

L'éditeur graphique de P-GRADE (Figure 9) fournit à l'utilisateur une boite à outils simple pour la modélisation de son workflow. Cette boite à outils contient les éléments suivants :

- Le boitier jaune représente un job à exécuter. Pour un job, l'utilisateur doit définir :
    - son nom
    - son type (MPI/séquentiel)
    - son exécutable
    - sa grille de calcul
- Les boitiers verts et gris représentent respectivement les ports d'entrées et les ports de sorties pour un job. Un port désigne un fichier d'entrée/sortie.
- Les flèches représentent les règles de précédences en les jobs.

3.1.1. Architecture de P-GRADE

L'architecture de P-GRADE se présente sous forme de deux couches :

- ✓ *Couche application :* est une couche employée pour définir les tâches, leurs ports de communication et les règles de précédence entre les tâches. La couche application sert à décrire la topologie d'intercommunication des tâches.
- ✓ *Couche texte :* est employée pour définir les parties du programme et par conséquent un langage de programmation comme C/C++ ou Fortran.

3.1.2. Middlewares

P-GRADE supporte les middlewares suivants :

- ✓ Globus-2 [30]

- ✓ Globus-4 [30]
- ✓ Lcg [31]
- ✓ gLite
- ✓ Unicore [32]
- ✓ BOINC
- ✓ XtremWeb (version française)
- ✓ ARC

3.1.3. Portabilité

P-GRADE permet à l'utilisateur d'utiliser la même modélisation de son application (graphe des tâches) pour la déployer sur n'importe quel middleware supporté par P-GRADE. On parle donc d'un workflow portable.

Dans P-GRADE, pour passer d'une grille de calcul à une autre, il suffit de cliquer sur la liste Grid dans les propriétés d'un workflow et choisir la grille cible.

3.1.4. Structure dynamique de workflow

P-GRADE ne permet pas de supporter un graphe de tâches qui change au cours de l'exécution. Les règles de dépendance dans le graphe des tâches doivent être fixées au cours de modélisation de l'application.

3.1.5. Domaine d'applications

P-GRADE supporte toute famille d'application, il n'est pas conçu pour un domaine spécifique.

Il a été expérimenté dans plusieurs domaines comme la météorologie, la Bioinformatique, l'industrie et dans le domaine de simulation de collision de galaxies [33].

3.1.6. Réutilisation de workflow

P-GRADE offre à l'utilisateur la possibilité d'utiliser des workflows (déjà modélisés) dans des workflows en cours de développement [34]. En d'autre terme, un workflow w1 peut être utilisé comme composant entier dans un autre workflow w2.

3.1.7. Interopérabilité

P-GRADE permet de résoudre le problème de l'interopérabilité entre l'ensemble des middlewares supportés. Il permet à l'utilisateur de soumettre les parties de son graphe des tâches sur les différents middlewares (voir figure 10) à condition que l'utilisateur ait le droit d'accéder à l'ensemble de ressource de la plateforme cible [35].

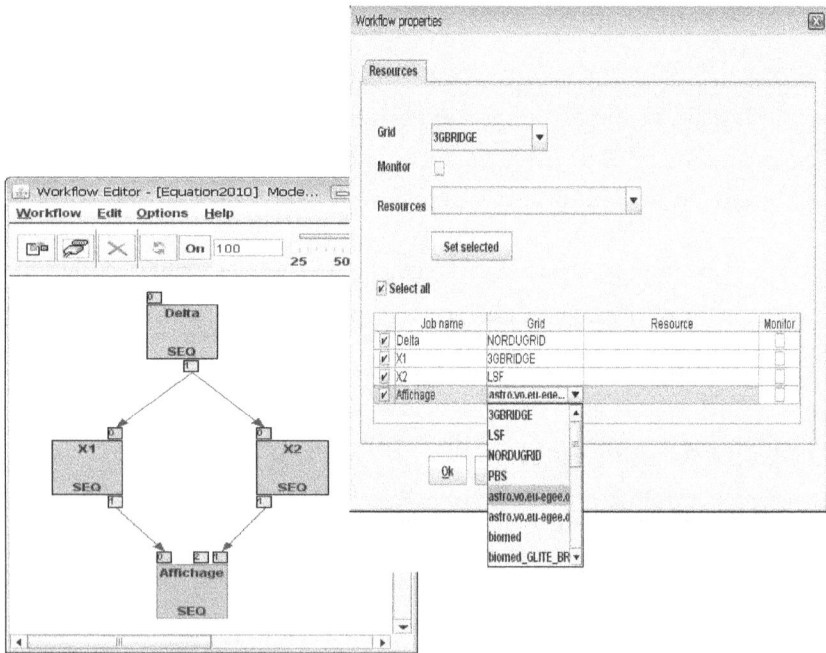

Figure 10 : Interopérabilité dans P-GRADE

70

3.2. JOpera

JOpera est un environnement graphique pour développer et exécuter les workflows des applications parallèles sur les grilles de calcul.

JOpera est le fruit de plusieurs projets de recherche : Opera [36] et BioOpera [36]. Il a été réécrit comme un ensemble de plugins pour la plateforme d'Eclipse. La partie graphique du JOpera emploie le Graphical Edition Framework (GEF) [37].

3.2.1. Architecture de JOpera

L'architecture de JOpera présente les composants suivants :

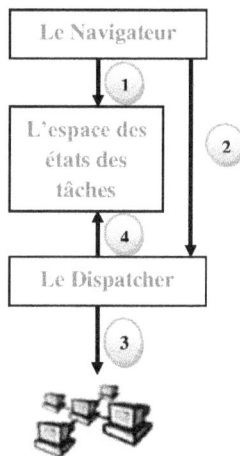

Figure 11 : Architecture de JOpera

✓ **Navigateur :** il est responsable de contrôler l'exécution de tâche. Le navigateur consulte l'espace des états des tâches **(1)** pour décider quelle tâche devrait être exécutée. Lorsqu'une tâche est prête pour l'exécution, le navigateur l'envoie au dispatcher **(2).**

71

✓ **Dispatcher :** c'est le composant qui soumet les jobs à l'exécution en les transmettant aux middlewares Grid **(3)**. Avant de commencer la modélisation de son application, l'utilisateur doit choisir le middleware de la plateforme cible. Une fois que le dispatcher reçoit une tâche, il vérifie leurs caractéristiques et l'envoie au middleware choisi. Ce middleware fournit un adaptateur pour soutenir l'invocation des services nécessaires pour l'exécution de la tâche. Une fois l'exécution de la tâche est accomplie, le dispatcher modifie l'état de celle-ci dans l'espace des états des tâches **(4)**.

✓ **Espace des états des tâches :** composant responsable du stockage des états des tâches. Ces informations sont sauvegardées sous la forme de tuple (processus, tâche, état). Selon la terminologie de JOpera, un processus est un ensemble des tâches qui sont reliées par des règles de précédence. Dans notre cas le processus est l'application en cours d'exécution.

3.2.2. Middlewares

JOpera supporte l'exécution des tâches sur :

✓ Condor
✓ ARC (Advanced Resource Connector)
✓ XWCH (XtremWeb-CH)

3.2.3. Portabilité

JOpera ne permet pas à l'utilisateur d'utiliser la même modélisation de son application lorsqu'il change de middleware. Si l'utilisateur change la plateforme, il doit « réécrire » son application suivant les exigences (autrement dit, les adaptateurs) du nouveau middleware. A titre d'exemple les figures 12 et 13 montrent la différence entre deux adaptateurs utilisés pour deux middlewares à savoir XtremWeb-CH et ARC.

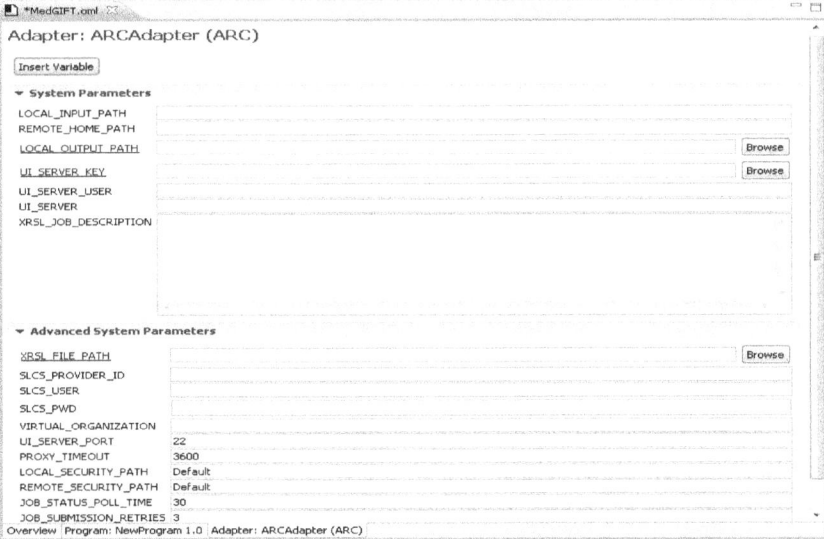

Figure 12 : Adaptateur pour le middleware ARC

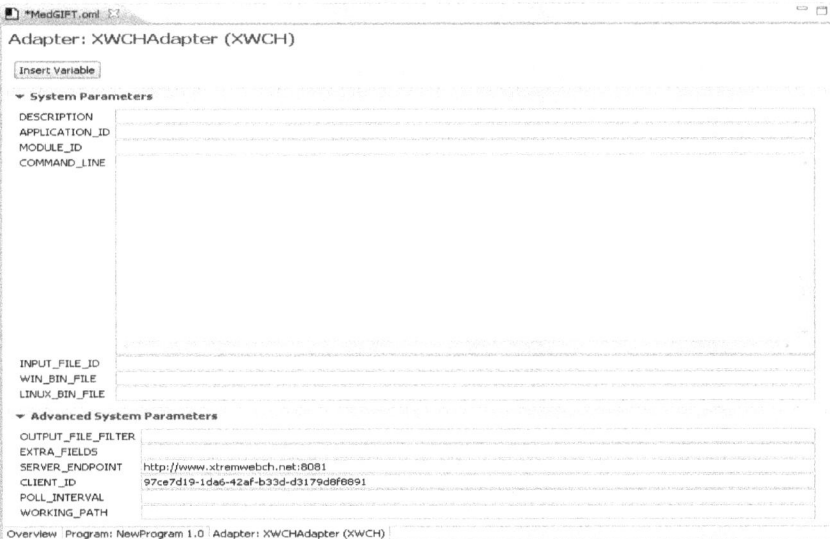

Figure 13 : Adaptateur pour le middleware XtremWeb-CH

3.2.4. Structure dynamique de workflow

Comme P-GRADE, JOpera ne supporte pas des graphes dynamiques des tâches. La structure du graphe modélisant l'application de l'utilisateur doit avoir une structure statique durant l'exécution de l'application.

3.2.5. Domaine d'applications

JOpera ne s'adapte pas à un domaine particulier, il supporte des applications issues de divers domaines.

3.2.6. Réutilisation de workflow

L'outil JOpera ne permet pas l'utilisation d'un workflow pour concevoir et représenter un autre workflow.

3.2.7. Interopérabilité

JOpera permet de déployer les tâches qui appartiennent au même workflow sur des middlewares différents, mais en cas de communication entre les tâches, JOpera ne permet pas d'assurer l'interopérabilité de manière « fluide », l'interopérabilité nécessite l'intervention de l'utilisateur au niveau de la modélisation du workflow. JOpera fournit un ensemble d'adaptateurs qui permet à l'utilisateur d'interfacer les différentes tâches du workflow. A titre d'illustration, on peut citer : FILE_WRITEAdapter, FILE_WATCHAdapter et UNIXAdapter.

3.3. Taverna

Taverna est un outil de gestion de workflow développé par [My]Grid [38] pour la modélisation, l'exécution et la surveillance des workflows écrits en Scufl [39] (Simplified conceptual workflow language). Le projet [My]Grid vise à fournir un middleware pour supporter les applications de traitement de données intensives dans des expériences de *Silico* [40] en bioinformatique en utilisant les ressources distribuées.

Le but principal de Taverna est de faire la conception et l'exécution des workflows bioinformatiques.

3.3.1. Architecture de Taverna

Taverna présente une architecture en couches :

- ✓ **Couche application** : le but de cette couche est de présenter les workflows d'une vue orientée métier, cachant la complexité d'interopération des services. En modélisant les workflows par des graphes, les utilisateurs pensent en termes de données consommées et produites par des tâches. Ils ne sont pas intéressés par les modèles d'exécution des tâches.
- ✓ **Couche exécution** : soulage l'utilisateur des détails d'exécution de workflow et contrôle l'exécution des processeurs.
- ✓ **Couche invocation des services** : est responsable de l'invocation concrète des services nécessaire pour l'exécution des processeurs au niveau de la couche d'exécution. Cette couche est caractérisée par un ensemble des plugins extensibles.

3.3.2. Middlewares

Taverna soutient l'exécution des workflows sur les middlewares :

- ✓ gLite
- ✓ Globus
- ✓ ARC

3.3.3. Portabilité

A l'image de P-GRADE, Taverna permet à l'utilisateur d'utiliser la même modélisation de son application lorsqu'il change la plateforme cible.

3.3.4. Structure dynamique de workflow

Au même titre que P-GRADE et JOpera, Taverna ne supporte des graphes dynamiques des tâches. La structure du graphe modélisant l'application de l'utilisateur doit avoir une structure statique durant l'exécution de l'application.

3.3.5. Domaine d'applications

Taverna est un outil de gestion de workflow orienté pour le domaine Bioinformatique:

- ✓ Analyse des images médicales.
- ✓ Annotation Gène/protéine
- ✓ Simulation de cœur
- ✓ Etude Génotype/Phénotype

3.3.6. Réutilisation de workflow

myExperiment est un site web crée en novembre 2007 par l'université d'Oxford pour permettre à ses chercheurs de partager leurs workflow. L'intégration de 'myExperiment' dans Taverna, offre aux utilisateurs un espace pour partager et la réutilisation des workflows.

3.3.7. Interopérabilité

Dans Taverna, les tâches qui composent une application doivent être soumises à la même plateforme. Cet outil ne permet pas d'assurer l'interopérabilité entre les middlewares qu'il supporte.

3.4. Pegasus

Pegasus est développé dans le cadre du projet GriPhyN (Grid Physics Network) qui vise à produire une grille de données pour les expériences du physique [41] [42].

Les utilisateurs décrivent leurs workflows d'une manière indépendante de la plateforme cible.

Pegasus modifie le workflow modélisé par l'utilisateur en lui ajoutant des tâches pour optimiser le stockage et le transfert de données, notant que, cette modification ajouté par Pegasus ne touche pas la sémantique du workflow de l'utilisateur (voir figure 14).

Actuellement Pegasus offre trois possibilités pour décrire un workflow :

- ✓ Description graphique en utilisant des DAG.
- ✓ Description graphique via l'outil Wings [43]
- ✓ Description textuelle via VDL (Virtual Data Language) [44]

Dans la terminologie de Pegasus, le workflow modélisé par l'utilisateur s'appelle 'workflow abstrait' tandis que le workflow généré par Pegasus s'appelle 'workflow concret'.

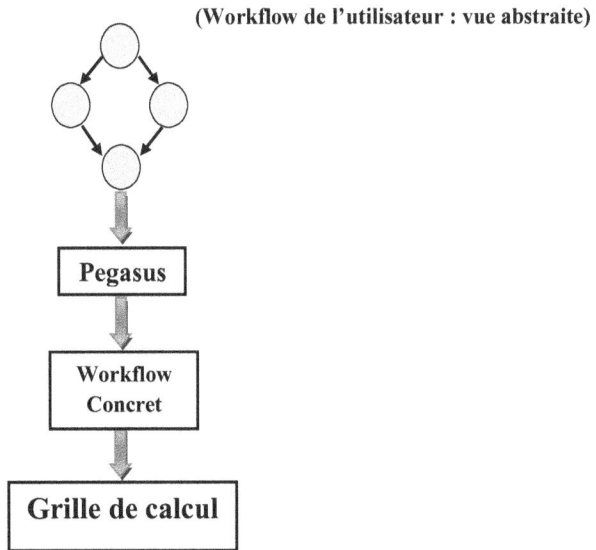

(**Workflow de l'utilisateur : vue abstraite**)

Figure 14 : Modification de workflow par Pegasus

77

3.4.1. Architecture de Pegasus

Pegasus présente les trois couches suivantes [9] :

- ✓ **Couche modélisation :** Cette couche permet à l'utilisateur de développer le workflow de son application, elle lui offre aussi la possibilité d'importer un workflow modélisé par l'outil Wings ou en format VDL.
- ✓ **Couche conversion :** Cette couche analyse le workflow de l'utilisateur, détecte les fichiers d'entrée et de sortie pour chaque tâche, analyse les liens de dépendance et améliore le workflow de l'utilisateur en lui ajoutant des tâches responsables de l'amélioration de stockage et la circulation des données entre les tâches. Cette couche est responsable de produire le workflow concret qui sera soumis à la plateforme cible.
- ✓ **Couche exécution :** Cette couche intègre un ensemble des brokers responsables de l'invocation des ressources nécessaire pour l'exécution des tâches, alloue ces dernières aux ressources choisies et revoie les résultats de l'exécution de workflow à l'utilisateur.

3.4.2. Middlewares

Pegasus soutient l'exécution des workflows sur les middlewares :

- ✓ Condor
- ✓ Globus

3.4.3. Portabilité

Pegasus offre la possibilité à ses utilisateurs de développer les workflows de leurs applications d'une façon indépendante de la plateforme cible [45].

3.4.4. Structure dynamique de workflow

Comme les outils précédents, Pegasus ne permet pas de supporter des graphes des tâches dynamiques.

3.4.5. Domaine d'applications

Initialement, Pegasus a été expérimenté dans des expériences du physique du projet GriPhyN. Théoriquement, supporte toute famille d'application [24].

3.4.6. Réutilisation de workflow

L'outil Pegasus ne donne pas la possibilité à l'utilisateur de partager son workflow avec les autres. Chaque workflow reste privé à son propriétaire.

3.4.7. Interopérabilité

Dans Pegasus, les tâches du workflow concret doivent être soumises à la même plateforme. Cet outil ne permet pas d'assurer l'interopérabilité entre les middlewares qu'il supporte.

3.5. Kepler

Kepler est l'un des systèmes les plus populaires pour la gestion de workflow. Il est dérivé du système Ptolemy II [46]. Kepler est intégré dans plusieurs projets scientifiques de gestion et d'analyse de données tels que SEEK (The Science Environment for Ecological Knowledge) [47], REAP (Real-time Environment for Analytical Processing) [48], etc.

Kepler se caractérise par une interface graphique simple et facile à utiliser. Il permet à l'utilisateur de décomposer son workflow sous forme des composants (tâches) qui communiquent à travers des ports d'entrées/sorties.

Kepler soutient les principales fonctionnalités pour l'exécution des tâches dans des systèmes de type grille :

✓ L'authentification de l'utilisateur.

✓ Surveillance de l'exécution

✓ Découverte et allocation des ressources.

✓ Sauvegarde des résultats

3.5.1. Architecture de Kepler

L'architecture de Kepler se caractérise par les deux couches suivantes :

✓ **Couche modélisation** : cette couche permet à l'utilisateur de modéliser le workflow de son application ou de parcourir des workflow et de données publiées par des autres utilisateurs. Cette couche se caractérise par un éditeur graphique simple et facile au point de vue manipulation.

✓ **Couche exécution** : C'est la couche responsable de la découverte des ressources appropriées pour l'exécution des tâches, soumettre ces dernières aux ressource choisies et surveiller leurs exécutions.

3.5.2. Middlewares

Pegasus soutient l'exécution des workflows sur les middlewares :

✓ Condor

✓ Globus

3.5.3. Portabilité

Kepler offre la possibilité à ses utilisateur de développer les workflows de leurs applications sans rendre compte de la plateforme cible [49].

3.5.4. Structure dynamique de workflow

Kepler permet à l'utilisateur de modéliser son application sous forme des DCG (Directed Cyclic graph) pour permettre des boucles entre les tâches et pour supporter des graphes qui changent de structure au cours de l'exécution [24].

3.5.5. Domaine d'applications

Kepler supporte multiples domaines scientifiques (Biologie, Analyse de données, Physique, Traitement de l'énergie, Ecologie) [49].

3.5.6. Réutilisation de workflow

L'outil Kepler offre la possibilité à l'utilisateur de partager son workflow et ses données avec les autres. L'éditeur graphique de Kepler permet à l'utilisateur de parcourir un ensemble des workflows et de les intégrer dans d'autres workflow [49].

3.5.7. Interopérabilité

Kepler n'assure pas l'interopérabilité entre les middlewares qu'il supporte. Les tâches de l'utilisateur doivent être exécutées sur la même plateforme cible.

4. Bilan

Le tableau suivant résume l'étude comparative des outils P-GRADE, JOpera, Taverna, Pegasus et Kepler :

	P-GRADE	JOpera	Taverna	Pegasus	Kepler
Middlewares supportés	6 middlewares GT2, GT4, Lcg, gLite, Unicore, BOINC, ARC, XtremWeb	3 middlewares ARC, Condor, XWCH	3 middlewares gLite, ARC, Globus	2 middlewares Condor, Globus	2 middlewares Condor Globus
Portabilité	Oui	Non	Oui	Oui	Oui
Structure dynamique de graphe des tâches	Non	Non	Non	Non	Oui
Généralité des applications	Domaine ouvert	Domaine ouvert	Biologie	Domaine ouvert	Domaine ouvert
Réutilisation de workflow	Oui	Non	Oui	Non	Oui
Interopérabilité	Oui	Non	Non	Non	Non

Tableau 1 : Récapitulatif d'étude comparative des outils de gestion de workflow

La comparaison entre ces cinq outils s'est basée sur un ensemble des critères : middlewares supportés par chaque outil, portabilité, structure dynamique des graphes de tâches, familles d'applications supportées, réutilisation de workflow et interopérabilité entre les middlewares supportés. Cette étude a montré que l'outil P-GRADE peut être considéré comme l'outil de gestion de workflow le plus complet.

En d'autres termes, il vérifie le maximum de fonctionnalités citées dans la section 2 de ce chapitre. P-GRADE supporte un très grand nombre de middleware grid et calcul volontaire. Il supporte deux critères importants : la portabilité et l'interopérabilité. Concernant le premier critère, P-GRADE permet à l'utilisateur d'éviter la « réécriture » de son application lorsqu'il change le middleware cible, c'est l'outil lui-même qui se charge automatiquement de produire les modifications nécessaires pour l'exécution des tâches. P-GRADE assure aussi l'interopérabilité entre les différents middlewares sans « effort » particulier de la part de l'utilisateur, ceci permet à ce dernier de choisir la grille de calcul pour chaque tâche. Pour JOpera, l'interopérabilité nécessite l'intervention de l'utilisateur au moment de la modélisation de l'application, la chose qui rend le déploiement des applications en utilisant JOpera un peu difficile. Taverna, Kepler et Pegasus permettent la portabilité : le workflow est modélisé une seul fois mais peut être déployé sur plusieurs middlewares. L'interopérabilité n'est pas assurée par ces 3 derniers outils de gestion de workflow. Le point commun entre les cinq outils de gestion de workflow étudiés dans ce chapitre est l'architecture multicouche qu'ils supportent. Celle-ci se présente sous forme de deux couches importantes : la première permet à l'utilisateur de modéliser son workflow sous forme des tâches liées par des règles de précédences, la deuxième se charge de contrôler l'exécution des tâches.

5. Conclusion

Cinq outils de gestion de workflow ont été présentés dans ce chapitre : P-GRADE, JOpera, Taverna, Pegasus et Kepler. Cette étude a permis d'identifier les points forts et faibles de ces outils. Le chapitre qui suit présente la gridification d'une application concrète selon quatre méthodes de gridification. L'objectif de cette gridification est de comparer d'un point de vue purement pratique, une gridification en natif et en utilisant des outils de gestion de workflow à savoir P-GRADE et JOpera. On a choisi ces deux outils pour les raisons suivantes : d'une part, JOpera supporte les deux middlewares ARC et XtremWeb-CH, ce qui nous permet de comparer une gridification en natif et en utilisant un outil de gestion de workflow, d'autre part, P-GRADE peut être considéré comme l'outil de gestion de workflow le plus complet, il supporte deux critères importants : la portabilité et l'interopérabilité.

Gridification de MedGIFT

1. Introduction

Ce chapitre se propose de comparer 4 méthodes de gridification d'une application d'indexation d'images appelée MedGIFT. Les quatre méthodes de gridification sont les suivantes :

1. Gridification en natif sur XtremWeb (XWCH)
2. Gridification en natif sur ARC
3. Gridification en utilisant JOpera. Les middlewares ciblés sont XWCH et ARC.
4. Gridification en utilisant P-GRADE. Le middleware ciblé est ARC.

Ces gridifications permettront de comparer, sur un plan purement pratique, les fonctionnalités des deux outils de gestion de workflow JOpera et P-GRADE. Elles complètent l'étude comparative détaillée au chapitre 3.

MedGIFT est un package qui analyse des images médicales en utilisant le logiciel GIFT (GnuImage Finding Tool) [50]. Ce dernier est un paquetage d'indexation des images qui a été développé à l'université de Genève.

L'indexation d'une image consiste entre autres à détecter les contours et les couleurs des formes se trouvant dans l'image en question. L'objectif de l'indexation est de déterminer une possible ressemblance entre les images. A titre d'exemple, dans le domaine médical le pourcentage de ressemblance entre différentes image pourrait aider les médecins à prendre des décisions concernant les états de leurs patients.

Compte tenu du nombre important d'images générées chaque jour par les hôpitaux, l'opération d'indexation peut être consommatrice de temps processeur. Sa parallélisation est très simple puisque le traitement ne présente aucun lien de précédence. Les jobs sont donc complètement autonomes.

Ce chapitre est organisé comme suit : la première section présente l'architecture de MedGIFT. Les sections 2 et 3 décrivent la gridification de MedGIFT sous les middlewares XtremWeb-CH et ARC. La section 4 décrit la gridification de MedGIFT en utilisant l'outil de gestion de workflow JOpera. La section 5 décrit la gridification de MedGIFT en utilisant P-GRADE.

2. Architecture de MedGIFT

Un binaire linux du nom de « geneva_gift » est utilisé pour indexer un ensemble d'images (fichiers ayant l'extension .ppm). Le résultat est un fichier ayant l'extension .fts. Afin de distribuer entre les images différents nœuds de la plateforme Grid ciblée, un script est utilisé pour créer des fichiers contenant chacun un ensemble d'images qui seront envoyés aux différents nœuds qui exécutant chacun le binaire « geneve_gift »

Fichier « images.tar »

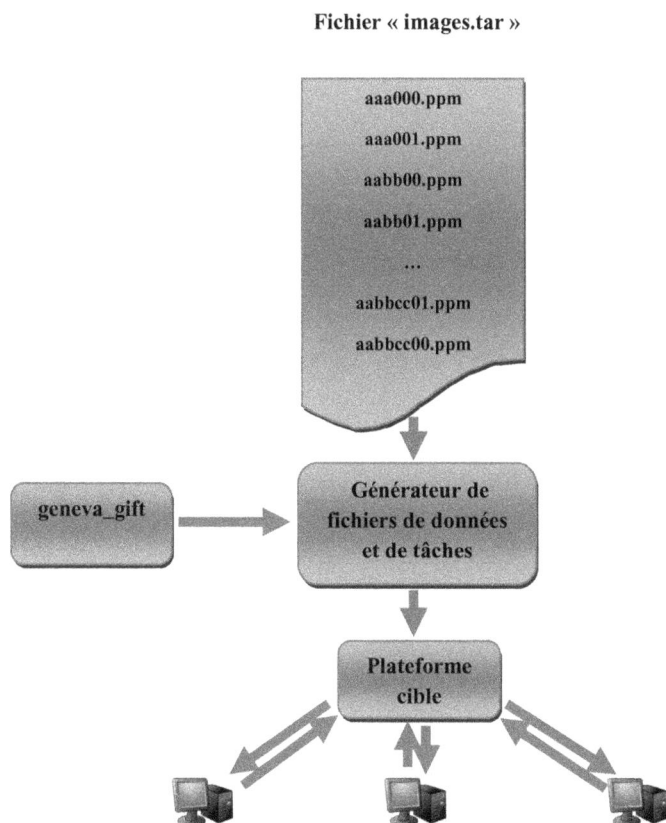

Figure 15 : Architecture de MedGIFT

Le script qui sera exécuté sur chaque nœud est le suivant (local.sh) :

```
/bin/tar xf images*.tar
/bin/rm images*tar
chmod +x geneva_gift
for i in *ppm
do
```

```
./geneva_gift $i
done
  /bin/rm *ppm
```

Les quatre méthodes de gridification qui seront détaillées dans ce chapitre créent autant de jobs (tâches) qu'il y a de fichiers .ppm.

3. Gridification de MedGIFT sous XtremWeb-CH

La gridification de MedGIFT est représentée par un programme client écrit en Java et utilisant l'API décrite dans le chapitre 2.

Le script « run.sh » détaillé dans l'annexe B joue le rôle du générateur de fichiers de données et de tâches mentionné dans la figure 15. Le but de ce script est de construire les fichiers de données des jobs XtremWeb-CH. Le script « run.sh» prend en entrée deux paramètres : le premier paramètre est un entier qui représente le nombre d'images traitées par un job XtremWeb-CH, le second paramètre représente un fichier compressé en format 'tar' qui contient les images à traiter.

Le programme client java appelé à la fin du script « run.sh » admet deux paramètres d'entrée : le premier représente l'adresse du coordinateur XtremWeb-CH, le second est l'identifiant du l'utilisateur. Ce programme lance les jobs dans le système XWCH.

Programme Client :

```
/* To compile: javac -classpath .:XWCHClientAPI_V1.0.jar Medgift.java */
/* To run: java -classpath .:XWCHClientAPI_V2.0.jar Medgift <server> <client-
id> */
/* Example: server http://www.xtremwebch.net:8081*/
/* Author : Karim HASSEN*/
```

```java
import xwchclientapi.XWCHClient;
import xwchclientapi.util.PlateformEnumType;
import xwchclientapi.XWCHClient.fileref;
import java.io.*;
import java.util.zip.*;
import java.io.File;
public class Medgift {
public static void main(String[] args) throws Exception {
   Medgift xwcd = new Medgift();
      try {
         xwcd.medgift(args[0], args[1]);
      } catch (Exception e) {
          e.printStackTrace();
      }
}
public void medgift(String ServerAddress, String IdClient) throws Exception
 {
XWCHClient c = new XWCHClient(ServerAddress, ".", IdClient);
     if (!c.Init()) {
        System.out.println("Init error");
        throw new Exception();
     }
     if (!c.PingWarehouse()) {
        System.out.println("Warehouse error");
        throw new Exception();
     }
     //Create an application
     String appid = c.AddApplication("MedGIFT-XWCH");
```

```
if (appid == null) {
  System.out.println("Application error");
  throw new Exception();
}
String modid="5bc238c2-6012-4f2b-b6ea-b690cd446e6f"; /*référence du
fichier binaire                  inséré via l'interface web de XWCH*/
String[] foutid=new String[50];
File directory = new File(".");
File[] subfiles = directory.listFiles();
String[] jobidd =new String[50];
int l=0;
int nbjob=0;
int j=0;
for(int i=0 ; i<subfiles.length; i++)
{ String file;

  if (subfiles[i].getName().endsWith(".zip")==true)
  {
    file=subfiles[i].getName();
    fileref fref = c.AddData(file);
    System.out.println("Submitting job");
    System.out.println("* MedGIFT-JOB-0"+l);
    foutid[j]= c.GetUniqueID();
    String medg="MedGIFT-JOB-0"+l;
    String jobid = c.AddJob(medg, //Job description
        appid, //Application identifier
        modid, // Module identifier
        "local.sh", //Command line to be run on the remote worker
```

```
                fref.toJobReference(), //input file
                "regexp:.*", // output files: match all
                foutid[j], // name of compressed output file
                "");
                l++;
            if (jobid == null)
            {
                System.out.println("Job error");
            }
            else
            {
                jobidd[j]=jobid;
                j++;
                nbjob++;
            }
        }
    }
    for(int k=0 ; k<nbjob; k++)
    {
    String status = "";
        while (!status.equalsIgnoreCase("COMPLETE") &&
    !status.equalsIgnoreCase("KILLED")) {
            status = c.GetJobStatus(jobidd[k]).toString();
            System.out.println(jobidd[k]+" "+status);
            try {
                Thread.sleep(3000);
            } catch (InterruptedException ex) {
                System.out.println("Job status error");
```

```
      }
   }
   if (status.equalsIgnoreCase("COMPLETE"))
   {
   System.out.println("done, getting results "+foutid[k]);
   c.GetJobResult(jobidd[k], foutid[k]);
   }
   else
   {
    System.out.println("Job "+jobidd[k]+" : KILLED");
   }
  }
 }
EndApplication() ;
}
```

Les routines en gras sont les appels de l'API de XtremWeb-CH.

Simple dans sa structure, la gridification de MedGIFT s'avère toutefois assez consommatrice de ligne de code. En d'autre terme, la programmation sous XWCH et l'utilisation de son API est assez « bavarde ».

4. Gridification de MedGIFT sous ARC

Pour soumettre des jobs au middleware ARC, ces derniers doivent être décrits selon le langage xRSL qui est détaillé dans la section 2 du chapitre 2. Pour ce faire nous avons créé un script « generatorxrslfile.sh» (voir annexe C) qui permet de générer automatiquement la description des jobs MedGIFT (fichier medgift.xrsl). Le script en question prend en entrée deux paramètres : le premier représente le nombre d'images qui sont traités par un job ARC, le second paramètre représente un fichier compressé en format 'tar' qui contient les images à traiter.

Un exemple de fichier xRSL généré par le script « generatorxrslfile.sh » est le suivant :

```
+
(&( jobname=" medgift000")
( executable = "local.sh")
( inputfiles =("images000.tar" "images000.tar")("geneva_gift" "geneva_gift"))
( outputfiles = ("features.tar " "")))
(&( jobname=" medgift001")
( executable = "local.sh")
( inputfiles =("images001.tar" "images001.tar")("geneva_gift" "geneva_gift"))
( outputfiles = ("features.tar " "")))
(&( jobname=" medgift002")
( executable = "local.sh")
( inputfiles =("images002.tar" "images002.tar")("geneva_gift" "geneva_gift"))
( outputfiles = ("features.tar " "")))
(&( jobname=" medgift003")
( executable = "local.sh")
( inputfiles =("images003.tar" "images003.tar")("geneva_gift" "geneva_gift"))
( outputfiles = ("features.tar " "")))
(&( jobname=" medgift004")
( executable = "local.sh")
( inputfiles =("images004.tar" "images004.tar")("geneva_gift" "geneva_gift"))
( outputfiles = ("features.tar " "")))
```

Cet exemple correspond à la génération de 5 tâches traitant chacune 10 images. Le nombre d'images à traiter étant égal à 43, la dernière tâche traite seulement 3 imagea.

Le script est appelé comme suit : generatorxrslfile.sh 10 images.tar. images.tar étant le fichier qui contient initialement les images.

La séquence de commandes ARC à lancer est la suivante :

1) ***ngsub –f medgift.xrsl*** : Cette commande permet de lancer les jobs au middleware ARC.

2) ***ngstats <jobID>*** : Cette commande permet s'informer sur l'état du job passé en paramètre.

3) ***ngget <jobID>*** : Cette commande permet de télécharger le fichier résultat du job passé en paramètre lorsque ce dernier finit son exécution. Pour télécharger les fichiers résultat des jobs soumis au middleware ARC, on utilise l'option ***–a.***

5. Gridification de MedGIFT avec JOpera

Lors de l'utilisation de JOpera, l'utilisateur doit préciser dès le départ, le middleware sur lequel il désire déployer son application. Il s'agit ici d'un inconvénient majeur de JOpera. Dans ce qui suit, nous détaillerons la gridification de MedGIFT en utilisant JOpera avec un déploiement sous les middlewares XWCH et ARC.

5.1 Gridification de MedGIFT en utilisant JOpera avec déploiement sous XWCH

JOpera fournit un ensemble d'adaptateurs pour soumettre des tâches au middleware XtremWeb-CH (voir figure 16). Chacun de ces adaptateurs est une « traduction » de l'une des routines proposées par l'API de XWCH. A titre d'illustration, l'adaptateur XWCH_FILE_UPLOAD est l'équivalent de AddData(...), XWCH_JOB est l'équivalent de AddJob(...), XWCH_FILE_DOWNLOAD est l'équivalent de GetJobResult(...).

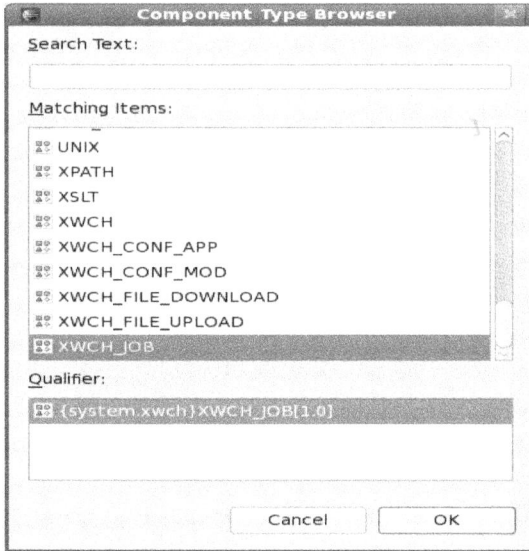

Figure 16 : Les adaptateurs de JOpera

Une portion du flux de contrôle ainsi que le flux de données de MedGIFT sont présentés respectivement par les figures 17 et 18.

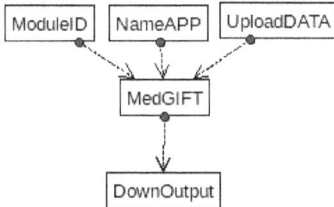

Figure 17 : Flux de contrôle de MedGIFT

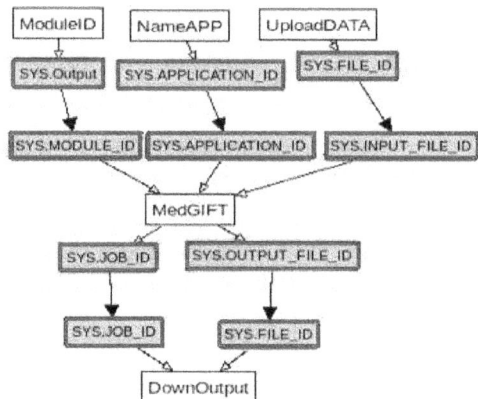

Figure 18 : Flux de données de MedGIFT

95

Rappelant que dans JOpera, le flux de contrôle représente les règles de précédence entre les tâches de l'application. Dans la philosophie JOpera, les routines XWCH sont modélisées par des tâches JOpera.

Le flux de données précise les données qui circulent entre les tâches JOpera. Les données de sortie d'une tâche sont souvent les données d'entrée de la tâche qui suit. Dans la figure 4, les données d'entrée sont marquées par un carreau vert. Celles de sorties sont marquées par un carreau rouge. Ces données sont positionnées par l'utilisateur en fonction du type (adaptateur) de la tâche JOpera. Une fois que ces données sont choisies par l'utilisateur, il peut à ce moment les connecter afin d'assurer le lien entre les tâches JOpera.

Dans la figure 17, « ModuleID », « NameAPP », « UploadDATA », « MedGIFT » et « DownOutput » représentent des tâches JOpera qui correspondent à des routines XWCH. Par contre « MedGIFT » correspond à une vraie tâche XWCH.

Dans ce qui suit, nous présentons les interfaces utilisées pour la création de ces tâches JOpera :

❖ **NameAPP** : Cette tâche utilise l'adaptateur 'XWCH_CONF_APP' qui permet de créer une application sur le coordinateur XWCH (Figure 19). Cet adaptateur admet comme paramètres : le nom ou la description de l'application à créer, l'URL du serveur sur lequel installé le coordinateur et l'identifiant de l'utilisateur. NameAPP renvoie, comme paramètre de retour, un identifiant unique qui représente l'application créée. Cet identifiant ne autre que SYS.APPLICATION_ID dans la figure 18.

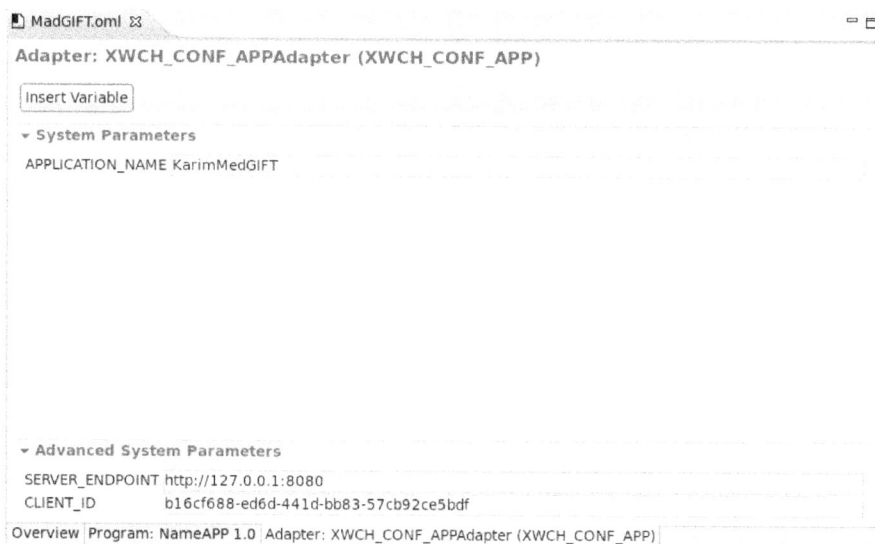

Figure 19 : L'adaptateur XWCH_CONF_APP

❖ **ModuleID :** Cette tâche utilise l'adaptateur 'ECHO' (Figure 20) qui permet de renvoyer l'identifiant du module crée via l'interface web de XWCH. Un module est représenté par un ou plusieurs binaires exécutables tournant chacun sur une configuration particulière (Windows, Linux, MacOS). Le paramètre de retour de cette tâche est utilisé lors de la création des jobs pour une application. Ce paramètre de retour ne autre que SYS.Outout dans la figure 18.

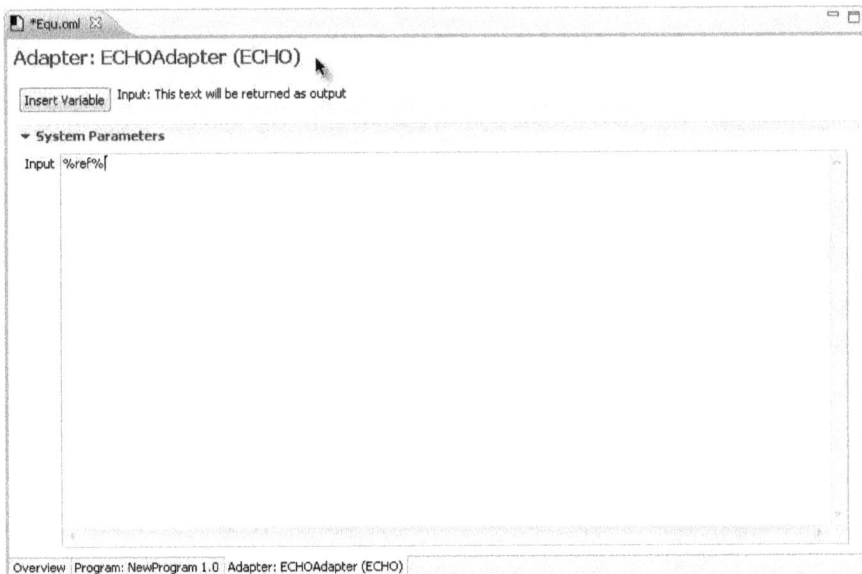

Figure 20 : L'adaptateur ECHO

❖ **UploadDATA :** Cette tâche utilise l'adaptateur 'XWCH_FILE_UPLOAD'. Cet adaptateur permet d'envoyer les données d'un job à un entrepôt (Figure 21). Les paramètres pour cet adaptateur sont : le fichier compressé à envoyer, l'URL du serveur sur lequel installé le coordinateur et l'identifiant du l'utilisateur. Le retour de cette tâche est une référence sur ce fichier. Cette référence ne autre que SYS.FILE_ID dans la figure 18.

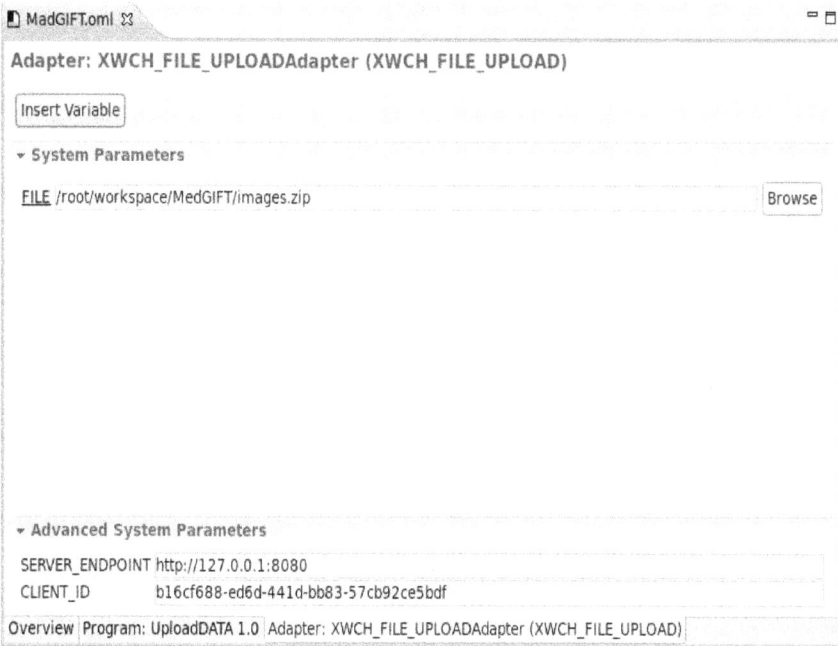

Figure 21 : l'adaptateur XWCH_FILE_UPLOAD

❖ **MedGIFT** : Cette tâche utilise l'adaptateur 'XWCH_JOB' (Figure 22). Cet adaptateur permet d'envoyer un job pour exécution, il utilise comme entrées, les valeurs des retours des tâches « NameAPP », « ModuleID » et « UploadDATA » qui sont respectivement SYS.APPLICATION_ID, SYS.Output et SYS.FILE_ID. Cette tâche renvoie une référence vers le fichier résultat qui se trouve dans un entrepôt de données. Cette référence ne autre que SYS.OUTPUT_FILE_ID dans la figure 18.

99

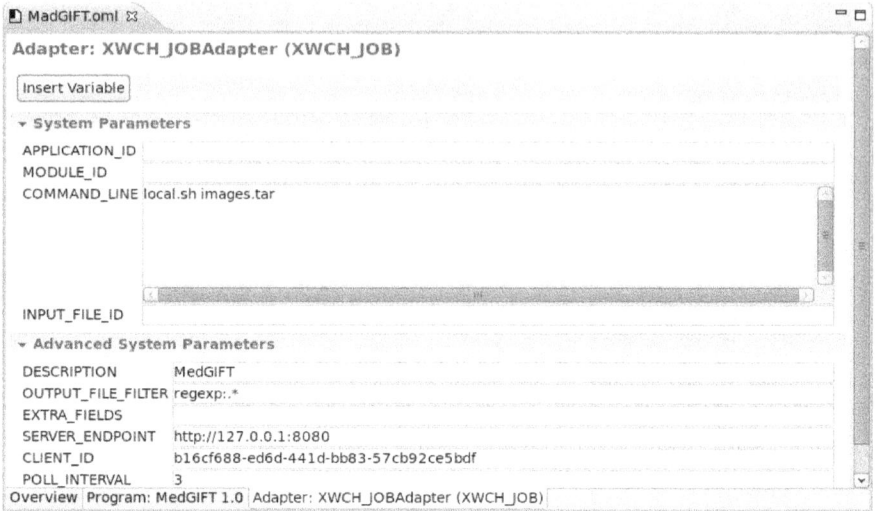

Figure 22 : l'adaptateur XWCH_JOB

❖ **DownOutput** : Cette tâche utilise l'adaptaeur 'XWCH_FILE_DOWNLOAD'. Elle attend à ce que le job en question termine son exécution, puis lance une recherche de son fichier résultat sur les entrepôts. Pour ce faire, cette tâche nécessite les deux sorties SYS.JOB_ID et SYS.FILE_ID de la tâche prédécesseur. Cette tâche permet de récupérer le fichier trouvé sur le poste client et le sauvegarde dans le répertoire motionné dans le champ WORKING_PATH de l'adaptateur représenté par la figure 23

.

100

Figure 23 : l'adaptateur XWCH_FILE_DOWNLOAD

5.2. Gridification de MedGIFT en utilisant JOpera avec déploiement sous ARC

Pour soumettre des jobs au middleware ARC, l'utilisateur doit utiliser l'adaptateur 'ARCAdapter' représenté par la figure suivante (Figure 24) :

101

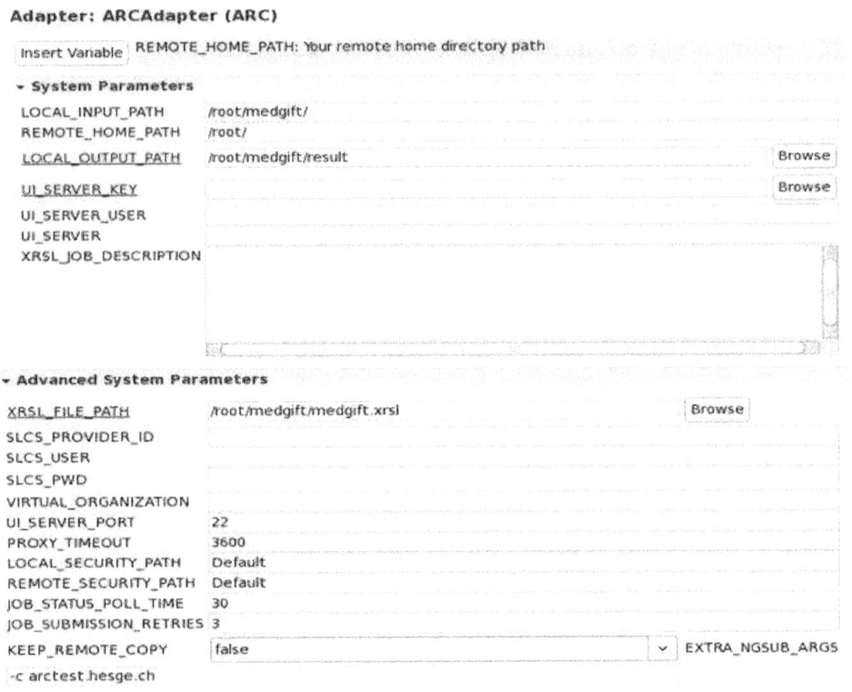

Adapter: ARCAdapter (ARC)

Insert Variable REMOTE_HOME_PATH: Your remote home directory path

▼ **System Parameters**

LOCAL_INPUT_PATH	/root/medgift/	
REMOTE_HOME_PATH	/root/	
LOCAL_OUTPUT_PATH	/root/medgift/result	Browse
UI_SERVER_KEY		Browse
UI_SERVER_USER		
UI_SERVER		
XRSL_JOB_DESCRIPTION		

▼ **Advanced System Parameters**

XRSL_FILE_PATH	/root/medgift/medgift.xrsl	Browse
SLCS_PROVIDER_ID		
SLCS_USER		
SLCS_PWD		
VIRTUAL_ORGANIZATION		
UI_SERVER_PORT	22	
PROXY_TIMEOUT	3600	
LOCAL_SECURITY_PATH	Default	
REMOTE_SECURITY_PATH	Default	
JOB_STATUS_POLL_TIME	30	
JOB_SUBMISSION_RETRIES	3	
KEEP_REMOTE_COPY	false ∨	EXTRA_NGSUB_ARGS

-c arctest.hesge.ch

Figure 24 : L'adaptateur ARC pour JOpera

Les principaux champs de cet adaptateur sont les suivants :

✓ *LOCAL_INPUT_PATH* : décrit le chemin du répertoire contenant les fichiers nécessaires pour l'exécution d'un job (fichiers données et exécutables).

✓ *REMOTE_HOME_PATH* : JOpera utilise le répertoire décrit par ce champ pour créer une copie local des fichiers nécessaires pour l'exécution du job. Suivant la valeur du champ *KEEP_REMOTE_COPY,* JOpera décide l'état de la persistance des fichiers.

✓ *LOCAL_OUTPUT_PATH :* décrit le chemin du répertoire qui contiendra le résultat de l'exécution des jobs.

102

✓ **XRSL_JOB_DESCRIPTION** : ce champ est utilisé pour présenter la description des jobs suivant le langage XRSL. Si la description des jobs du l'utilisateur se trouve dans fichier d'extension xrsl, il suffit d'indique le chemin de ce fichier dans le champ **XRSL_FILE_PATH**.

✓ **UI_SERVER, UI_SERVER_USER et UI_SERVER_KEY** : ces champs représentent respectivement l'URL de la machine distante où installé un client ARC, le nom de l'utilisateur sur cette machine et la clé privée pour y accéder. Si le client du middleware ARC et JOpera sont installés sur la même machine, il faut laisser ces champs vides.

✓ **EXTRA_NGSUB_ARGS** : ce champ est utilisé pour spécifier d'autres options supplémentaires pour l'exécution d'un job ARC.

La gridification de MedGIFT sous ARC en utilisant l'outil JOpera consiste à :

• Construire des sous-ensembles des images à partir de l'ensemble globale. Chaque sous ensemble sera traité par un job.

• Construire automatiquement le fichier 'medgift.xrsl' qui contient la description de l'ensemble des jobs.

⇒ Pour cela, nous avons utilisé le script « generatorxrslfile.sh» décrit à l'annexe C.

La tâche 'MedGift' (voir figure 25) utilise l'adaptateur représenté par la figure 24, cette tâche est responsable de la soumission des jobs qui traitent les sous-ensembles d'images crées par le script 'generatorxrslfile.sh' (Figure 26).

Pour soumettre les jobs au middleware ARC (Figure 25), JOpera a besoin d'un certificat proxy (certificat de courte durée) pour pouvoir accéder à l'ensemble de ressources fournie par le cluster mentionné dans le champ **'EXTRA_NGSUB_ARGS'** de l'adaptateur.

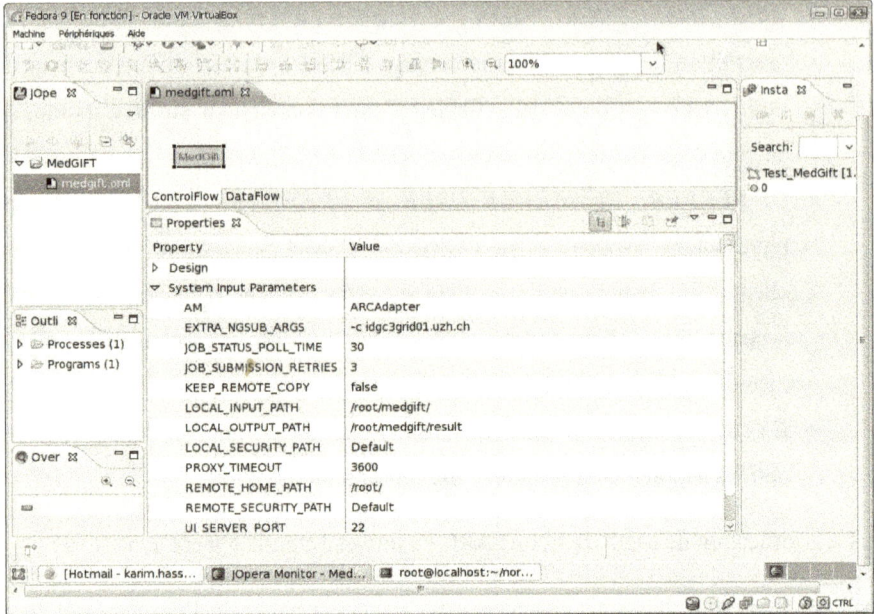

Figure 25 : Soumission de MedGIFT au Middleware ARC

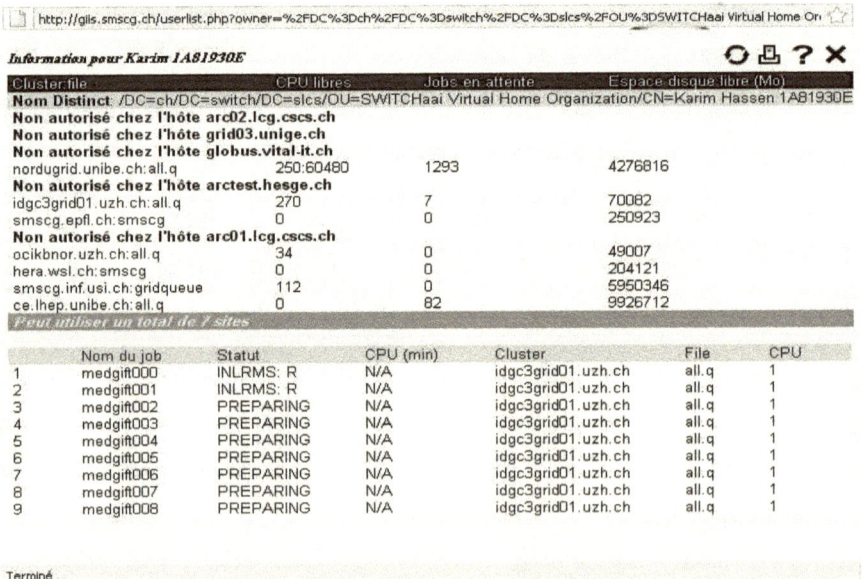

Figure 26 : Les tâches MedGIFT

Le nombre des tâches varie selon l'argument fourni par l'utilisateur au script 'generatorxrslfile.sh' et le nombre total des images à traiter. L'exemple représenté par la figure 25 traite un ensemble de 43 images en total, chaque sous ensemble contient 5 images.

L'exemple traité par la figure 25 ne présente pas des communications entre des tâches. Pour mettre en évidence des communications entre des tâches ARC, nous avons développé une application démo qui présente une communication entre deux tâches. Le flux de contrôle ainsi que le flux de données de cette application sont représentés respectivement par les figures 27 et 28.

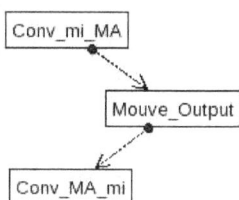

Figure 27 : Flux de contrôle

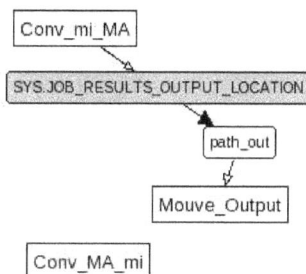

Figure 28 : Flux de données

La tâche 'Conv_mi_MA' permet de convertir un texte écrit avec des lettres minuscules en texte écrit en majuscule. Le résultat de cette tâche est un fichier nommé « out.txt ». JOpera exige que le fichier xrsl qui contient la description de la tâche, le fichier binaire et le fichier de données doivent se trouvant dans le même répertoire. Ceci représente un autre inconvénient pour l'outil JOpera. Pour surmonter cette contrainte nous avons créé la tâche 'Mouve_Output' pour déplacer le fichier résultat de la tâche 'Conv_mi_MA' dans le répertoire local de la tâche 'Conv_MA_mi' pour assurer l'exécution de cette dernière.

6. Gridification de MedGIFT sous ARC en utilisant P-GRADE

Avant de commencer la modélisation de l'application MedGIFT sur l'éditeur graphique de P-GRADE, il faut télécharger le certificat proxy à partir d'un serveur 'MyProxy' pour pouvoir spécifier les ressources utilisées par chaque job lors de la modélisation de l'application.

Le workflow de MedGIFT est représenté par la figure suivante (Figure 29).

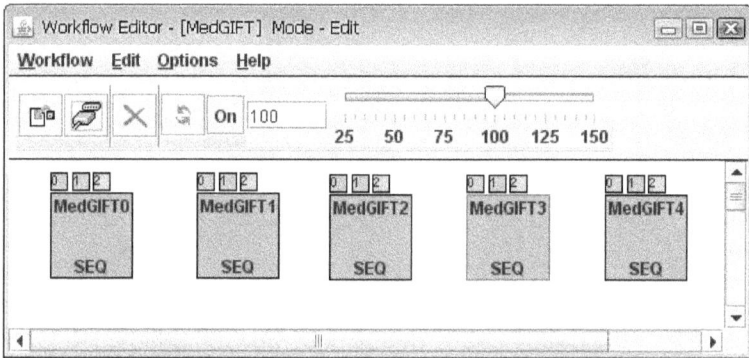

Figure 29 : Workflow de MedGIFT

Pour chaque job il faut spécifier ses entrées (les carrés verts), ses sorties (les carrés gris) et un ensemble des paramètres nécessaire pour son exécution (exécutable, ressource, grille de calcul, etc.) (Figure 30). P-GRADE génère les fichiers xRSL relatifs aux jobs de l'application. (Figure 31).

106

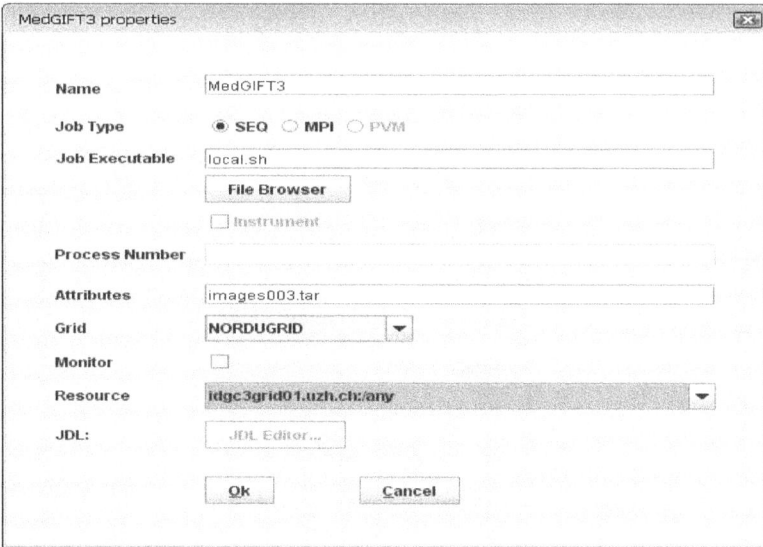

Figure 30 : Les attributs d'un job

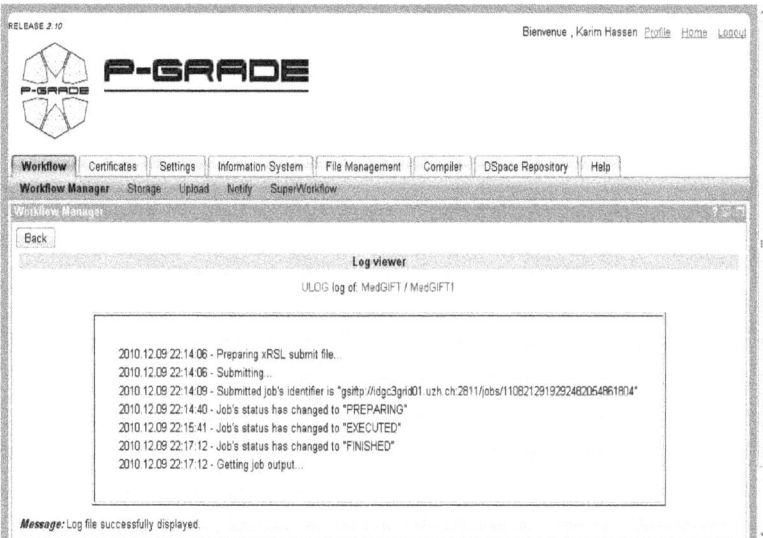

Figure 31 : Génération du fichier XRSL par P-GRADE

107

P-GRADE permet à l'utilisateur de visualiser la progression de l'exécution de son application (Figure 32).

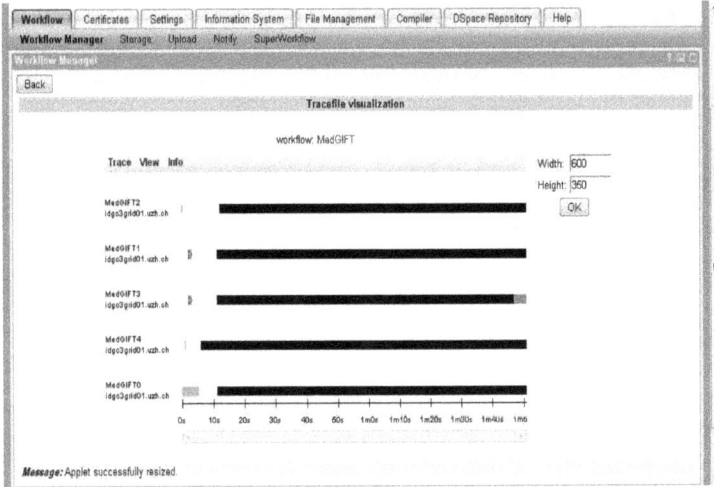

Figure 32 : Visualisation de la progression de l'exécution des jobs MedGIFT

7. Conclusion

Ce chapitre a présenté la gridification de l'application MedGIFT en natif et en utilisant les deux outils de gestion de workflow JOpera et P-GRADE.

La gridification en natif ne permet pas de produire des applications portables. L'utilisateur se trouve « esclave » du middleware utilisé. A titre d'illustration, l'API XWCH ne peut pas être utilisée sous le middleware ARC et le langage xRSL ne permet pas de spécifier des jobs XWCH.

Pour surmonter ce problème, une solution serait est d'utiliser un outil de gestion de workflow. Dans ce contexte, nos expériences ont montré que, d'une part JOpera ne permet pas la portabilité des applications puisqu'il fournit des adaptateurs spécifiques pour chaque middleware, d'autre part l'interopérabilité dans cet outil est

« partielle » puisque dans le cas des jobs communicants, l'interopérabilité nécessite l'intervention de l'utilisateur au moment de la modélisation de l'application (Figure 27).

P-GRADE peut être considéré comme l'outil de gestion de workflow le plus complet. D'une part, il vérifie le maximum de fonctionnalités citées dans la section 2 de chapitre 3, d'autre part, il supporte deux critères importants : la portabilité et l'interopérabilité.

Conclusion générale

Les grilles de calcul et les plateformes de calcul volontaires sont souvent utilisées pour le déploiement des applications de haute performance. Quatre middlewares ont été présentés dans ce rapport : ARC, gLite, BOINC et XtremWeb-CH. Ces outils sont aujourd'hui relativement stables. Chacun propose à l'utilisateur un ensemble de techniques permettant la gridification, le déploiement et l'exécution de son application.

On distingue plusieurs points de divergences entre les grilles de calcul et systèmes de calcul volontaire : propriétaire et dédiction des ressources, tolérance aux pannes et trust. Dans les grilles de calcul, les ressources sont connues, appartiennent à des organisations virtuelles et dédiées, alors que, dans les systèmes de calcul volontaire, les ressources sont anonymes et non dédiées (très volatiles). Concernant la tolérance aux pannes, les ressources sont plus fiables dans les grilles de calcul que dans les systèmes de calcul volontaire. Dans les grilles de calcul, les ressources sont trustées.

Les techniques de gridification proposées sont souvent propriétaires et dépendent du middleware utilisé. L'utilisateur se trouve alors « esclave » de la plateforme utilisée. Dans le cas d'une migration d'un middleware à un autre, il se trouve obligé de réécrire son code. Il s'agit ici d'un problème majeur qui empêche l'utilisation des grilles de calcul dans un environnement ouvert. Ce problème rappelle celui de la portabilité des programmes informatiques d'un système d'exploitation et/ou processeur à un autre.

Un second problème est celui de l'interopérabilité : le principe des grilles de calcul et les systèmes de calcul volontaire est d'utiliser d'une manière uniforme, un ensemble de ressources hétérogènes et non uniformes. Comment alors expliquer à l'utilisateur qu'il ne pourra pas utiliser « en même temps » deux plateformes grid et/ou calcul volontaire pour exécuter le même programme ? En d'autres terme, l'utilisateur aimerait que son programme puisse solliciter des plateformes grid différentes selon la disponibilité, la performance et le coût d'exploitation des ressources connectées.

Pour répondre à ces deux attentes, les outils de gestion de workflow ont été proposés. Leur but est d'apporter une réponse aux problèmes liés à la portabilité et l'interopérabilité.

Le chapitre 3 de ce rapport a présenté une étude comparative théorique des cinq outils de gestion de workflow les plus connus : Taverna, JOpera, P-GRADE, Pegasus et Kepler. Cette étude s'est basée sur un ensemble de critères : middlewares supportés, portabilité, structure dynamique de workflow, domaine d'application, réutilisation de workflow et interopérabilité. Elle a permis de mettre en relief les aspects suivants :

- L'outil P-GRADE vérifie le maximum de fonctionnalités citées dans la section 2 du chapitre 3. P-GRADE supporte un très grand nombre de middleware grid et calcul volontaire. Il assure deux critères importants : la portabilité et l'interopérabilité.
- JOpera n'assure pas la portabilité de workflow. L'interopérabilité dans JOpera nécessite l'intervention de l'utilisateur au moment de la modélisation de son application.
- Les outils Taverna, Pegasus et Kepler assurent la portabilité de workflow. Au contrepartie, ces 3 outils n'assurent pas l'interopérabilité entre les middlewares supportés.

Sur le plan pratique, notre contribution a été de déployer une application concrète d'indexation d'images médicales (MedGIFT) directement sur deux middlewares : ARC et XtremWeb-CH et en utilisant deux outils de gestion de workflow : JOpera et

P-GRADE. L'objectif de ce déploiement est de comparer une gridification en natif et en utilisant un outil de gestion de workflow.

La gridification de MedGIFT directement sur le middleware XtremWeb-CH s'avère assez consommatrice de ligne de codes et nécessite la maitrise d'un API assez riche. La gridification de MedGIFT directement sous ARC nécessite l'apprentissage de langage xRSL pour pouvoir décrire les spécifications des tâches ainsi qu'une connaissance d'un ensemble de commande. La gridification en utilisant un outil de gestion de workflow est assez simple puisque ce dernier cache les détails et les exigences du middleware cible et fournit à l'utilisateur un éditeur graphique pour simplifier la modélisation de son application.

A côté des grilles de calcul et des systèmes de calcul volontaire, un nouveau concept a émergé récemment : le Cloud Computing. Ce dernier est un modèle qui permet un accès à un ensemble des ressources informatiques configurables qui peuvent être rapidement approvisionnées. Dans ce contexte, une des pistes à investir consisterait à concevoir et développer un outil qui permet de décrire une application indépendamment de la plateforme cible : grille de calcul, plateforme de calcul volontaire ou Cloud Computing.

Bibliographie

[1]. **I, Foster.** *Globus toolkit version 4: Software for service-oriented systems.* s.l. : Journal of Computer Science and Technology, 2006.

[2]. **E, Laure.** *Programming the grid with glite .* s.l. : Computational Methods in Science and Technology, 2006.

[3]. **Ellert et Mattias.** *Advanced resource connector middleware for lightweight computational Grids.* s.l. : Amsterdam : Elsevier Science Publishers, 2007.

[4]. **J, Almond et D, Snelling.** *UNICORE: uniform access to supercomputing as an element of electronic commerce.* s.l. : Future Generation Computer Systems, 1999.

[5]. BOINC. [En ligne] http://boinc.berkeley.edu/. Dernière visite le 03/03/2011

[6]. **T, Oinn, M, Addis et J, Ferris.** *Taverna: a tool for the composition and enactment of bioinformatics workflows.* s.l. : Bioinformatics 20 (17):3045–54, 2004.

[7]. **T, Heinis, C, Pautasso et G, Alonso.** *Design and Evaluation of an Autonomic Workflow Engine.* s.l. : In Proc. of the 2nd International Conference on Autonomic Computing, 2005.

[8]. **Cs, Nemeth, et al.** *The P-GRADE Grid Portal.* s.l. : Lecture Notes in Computer Science, Volume 3044, 2004.

[9]. **D, Ewa, et al.** *Pegasus: a Framework for Mapping Complex Scientific Workflows onto Distributed Systems.* s.l. : Scientific Programming Journal,Volume 13, 2005.

[10]. **P, Eerola et all.** *The NorduGrid architecture and tools.* 2003 : In Proceedings of CHEP.

[11]. KnowARC. [En ligne] http://www.knowarc.eu/. Dernière visite le 03/03/2011

[12]. **C, Howard et C, Symas.** *OpenLDAP 2.4 Highlights Features of the Upcoming Release.* s.l. : 1st International Conference on LDAP, 2007.

[13]. OpenSSL. [En ligne] http://www.openssl.org/. Dernière visite le 03/03/2011

[14]. **I, Foster, C, Kesselman et S, Tuecke.** *The anatomy of the grid : Enabling scalable virtual organizations.* s.l. : International Journal of High Performance Computing Applications, 2001.

[15]. **W, Allcock et all.** GridFTP: Protocol Extensions to FTP for the Grid. [En ligne] http://www.ggf.org/documents/GWD-R/GFD-R.020.pdf.

[16]. Enabling Grids for E-scincE. [En ligne] http://www.eu-egee.org/. Dernière visite le 01/04/2011

[17]. **P. Anderson, David, et al.** *Seti@home : an experiment in public-resource computing.* s.l. : Commun.ACM, 2002.

[18]. BOINC Trac Wiki. [En ligne] http://boinc.berkeley.edu/trac/wiki/JobIn. Dernière visite le 03/03/2011

[19]. **N, Abdennadher et R, Boesch.** *Towards a Peer-To-Peer Platform for High Performance Computing.* China : HP-ASIA, 2005.

[20]. RSL. [En ligne] http://www.globus.org/toolkit/docs/2.4/gram/rsl_spec1.html. Dernière visite le 03/03/2011

[21]. XRSL. [En ligne] http://www.nordugrid.org/documents/xrsl.pdf. Dernière visite le 03/03/2011

[22]. JDL. [En ligne] https://edms.cern.ch/file/590869/1/EGEE-JRA1-TEC-590869-JDL-Attributesv0-. Dernière visite le 03/03/2011

[23]. **D, Hollinsworth.** *The Workflow Reference Model.* s.l. : Workflow Management Coalition, 1994.

114

[24]. **Y, Jia et R, Buyya.** *A Taxonomy of Workflow Management Systems for Grid Computing.* s.l. : Journal of Grid Computing, Springer, 2005.

[25]. **M, Reichert, S, Rinderle et P, Dadam.** *DADEPT workflow management system: flexible support for enterprise-wide business processes.* s.l. : Proceedings of the 2003 international conference on Business process management., 2003.

[26]. Kofax. [En ligne] http://www.kofax.com/. Dernière visite le 03/03/2011

[27]. **Z, Guan, et al.** *Grid-Flow: a Grid-enabled scientific workflow system with a Petri-net-based interface.* s.l. : Concurrency and Computation: Practice and Experience Volume 18, 2008.

[28]. **B, Ludäscher, et al.** *Scientific Workflow Management and the Kepler System.* s.l. : Concurrency and Computation: Practice and Experience Volume 18, 2006.

[29]. **I, Taylor, M, Shields et I, Wang.** *Resource Management of Triana P2P Services.* s.l. : Grid Resource Management, Kluwer, Netherlands,, 2003.

[30]. **E, Deelman, et al.** *Mapping Abstract Complex Workflows onto Grid Environments.* s.l. : Journal of Grid Computing, Kluwer Academic Publishers, 2003.

[31]. Condor. [En ligne] http://www.cs.wisc.edu/condor/condorg/. Dernière visite le 03/03/2011

[32]. Lcg. [En ligne] http://lcg.in2p3.f. Dernière visite le 01/04/2011

[33]. XtremWeb. [En ligne] http://www.xtremweb.net/. Dernière visite le 15/04/2011

[34]. **R, Lovas.** *Application of P-GRADE Development Environment in Meteorology.* s.l. : Proc. of DAPSYS'2002, Linz, pp. 30-37, 2002.

[35]. **J, Kovács.** *P-GRADE Portal Family for e-Scientists.* s.l. : SGS, Switzerland, 2010.

[36]. **P, Kacsuk, T, Kiss et G, Sipos.** *Solving the Grid Interoperability Problem by P-GRADE Portal at Workflow Level.* s.l. : Conf. Proc. of the Grid- Enabling Legacy Applications and Supporting End Users Workshop, within the framework of the 15th IEEE International Symposium on High Performance Distributed Computing, 2006.

[37]. **C, Pautasso.** *A Flexible System for Visual Service Composition.* s.l. : PhD thesis Diss. ETH No. 15608, 2004.

[38]. MyGrid. [En ligne] http://www.mygrid.org.uk. Dernière visite le 03/03/2011

[39]. **T, Glatard et J, Montagnat.** *Implementation of Turing Machines with the Scufl Data-Flow Language.* s.l. : IEEE International Symposium, 2008.

[40]. **O, Tom, et al.** *Taverna/myGrid: Aligning a Workflow System with the Life Sciences Community.* s.l. : On Workflows for e-Science Scientific Workflows for Grids, 2007.

[41]. GriPhyN. [En ligne] http://griphyn.org/. Dernière visite le 03/03/2011

[42]. **E, Deelman et K, Blackburn.** *GriPhyN and LIGO, Building a Virtual Data Grid for Gravitational Wave Scientists.* s.l. : presented at 11th Intl. Symposium on High Performance Distributed Computing, 2002.

[43]. **G, Yolanda.** *Wings for Pegasus: A Semantic Approach to Creating Very Large Scientific Workflows.* s.l. : OWL: Experiences and Directions, 2006.

[44]. **I, Foster.** *A Virtual Data System for Representing, Querying, and Automating Data Derivation.* s.l. : Proceedings of Scientific and Statistical Database Management, 2002.

[45]. **J, Yu et R, Buyya.** *A Taxonomy of workflow management systems for grid computing.* s.l. : Journal of Grid Computing, 2005.

[46]. **X, Liu, et al.** *Heterogeneous Modeling and Design of Control Systems.* s.l. : Software-Enabled Control: Information Technology for Dynamical Systems, 2003.

[47]. SEEK. [En ligne] http://seek.ecoinformatics.org/. Dernière visite le 03/03/2011

[48]. REAP. [En ligne] http://reap.ecoinformatics.org/. Dernière visite le 03/03/2011

[49]. **I, Altintas, C, Berkley et E, Jaeger.** *Kepler: Towards a Grid-Enabled System for Scientific Workflows.* s.l. : Workflow in Grid Systems, GGF10,, 2004.

[50]. GIFT. [En ligne] http://www.gnu.org/software/gift/. Dernière visite le 03/03/2011

Transitions des états des jobs sous ARC, gLite et XtremWeb-CH

1 Transitions des états des jobs sous ARC

Une tâche soumise au middleware ARC peut avoir l'un des états suivants : « accepted », « preparing », « submitting », « inlrms », « canceling », « finishing », « pending », « finished », et « deleted ». La figure 1 illustre les différentes transitons entre les états d'un job :

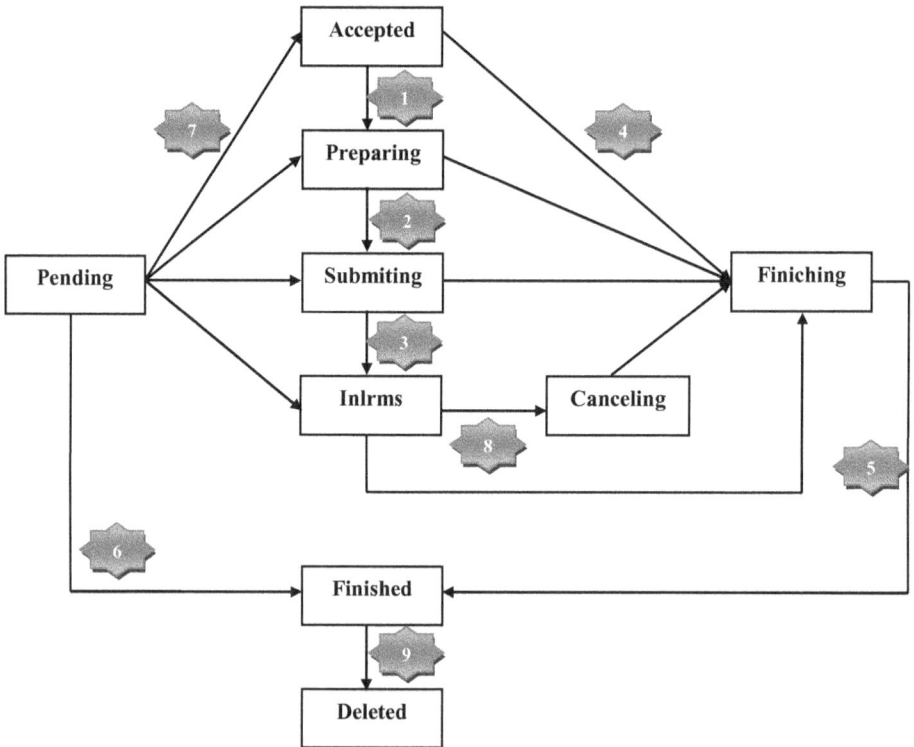

Figure 1 : Diagramme des états / transitions d'un job sous ARC

Les états d'une tâche sont tous consultables par l'UI à travers le IS. Les états décrivent le parcours d'une tâche lors de sa soumission à la grille :

1) La tâche est initialement à l'état « accepted » si son XRSL est correctement reçu par le GM qui commence la collection de ses données telles que le binaire et les données d'entrée, la tâche passe à l'état « preparing ».

2) Après avoir correctement reçu les données de la tâche, le GM la soumet au LRMS, la tâche passe à l'état « submitting ».

3) Le LRMS envoie la tâche à un worker node pour son exécution, elle passe à l'état « inlrms ».

4) En cas de problèmes au niveau du GM au cours de ses phases précédentes (syntaxe XRSL incorrecte, délai d'attente atteint pour la récupération des données d'entrée etc) ou si l'utilisateur souhaite annuler sa soumission, le GM peut lancer directement le processus d'achèvement de l'exécution de la tâche qui passe à l'état « finishing », sauf lorsque la tâche a été déjà envoyée à un worker node. Dans ce cas, le LRMS doit envoyer une requête pour interrompre son exécution, et donc, la tâche passe à l'état « canceling » et lorsque son exécution est interrompue elle passe à l'état « finishing ».

5) Si tous les processus liés à la tâche soumise sont finis, elle passe à l'état « finished ».

6) En cas d'erreur, l'utilisateur consulte le journal d'erreurs et peut prendre les mesures nécessaires pour remédier aux problèmes décrits dans le journal (corriger la syntaxe du XRSL, stocker les données d'entrée dans un SE si elles ne peuvent pas être directement envoyées au CE etc); par conséquent, la tâche prend l'état « pending ».

7) L'utilisateur peut relancer la tâche à partir de l'instant où elle a été interrompue.

8) Si le LRMS retourne le résultat d'exécution, la tâche passe à l'état « finishing ».

9) Si l'utilisateur n'a pas supprimé lui-même sa tâche, son état passe à « deleted » après une période du temps.

2 Transitions des états des jobs sous gLite

Un job sous gLite peut avoir l'un des états suivants : « submitted », « waiting », « ready », « scheduled », « running», « done », « cancelled », « aborted », et « cleared ». La figure 2 illustre les différentes transitions entre les états d'un job :

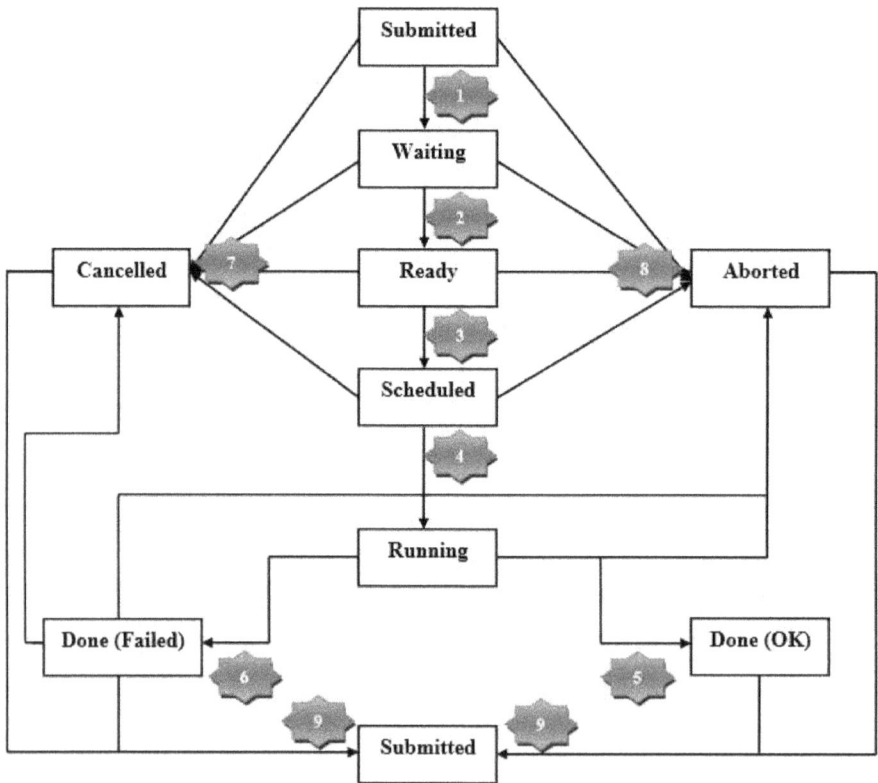

Figure 2 : Diagramme d'états / transitions d'un job sous gLite

Les transitions des états de jobs sont enregistrées dans le service information. Un sous service nommé Job Provenance (JP) permet de sauvegarder les transitions des états des jobs durant leurs exécutions. Les transitions entre les différents états possibles d'un job sont expliquées dans ce qui suit :

1) Lancé par l'utilisateur à travers l'UI, le job est reçu par le WMS, donc il est à l'état « submitted ». Le WMS cherche le CE le plus approprié pour ce job qui est en état d'attente de son affectation (état « waiting »).

2) Le job passe à l'état « ready » et le WMS prépare son envoi pour le CE sélectionné. A cet effet, WMS crée un « script wrapper » et les paramètres nécessaires pour le job qui va créer l'environnement d'exécution adéquat avec le system batch du CE.

3) Le WMS envoie le job au CE. Le job en question passe alors à l'état « scheduled ».

4) Lorsque le job démarre son exécution sur un WN, il passe à l'état « running ».

5) Si le job est correctement exécuté, il passe à l'état « done (OK) ».

6) En cas d'erreur, le job passe à l'état « done (failed) ». un journal d'erreurs est alors généré et envoyé à l'utilisateur.

7) Un client peut à tout moment annuler l'exécution de son job. Ce dernier passe alors à l'état « cancelled »

8) Dans le cas où un CE ne peut pas exécuter un job après un certain délai ou dans le cas où la validité du compte de l'utilisateur a expiré, le job passe à l'état « aborted ».

9) Si le job a été bien exécuté, l'utilisateur récupère les résultats et peut à ce moment nettoyer le job en question. Le job passe alors à l'état « cleared ».

3 Transitions des états des jobs sous XtremWeb-CH

Une tâche sous le middleware XWCH peut avoir l'un des états suivants : « waiting », « ready », « processing », « completed », « killed ». La figure 3 illustre les différentes transitons entre les états d'un job :

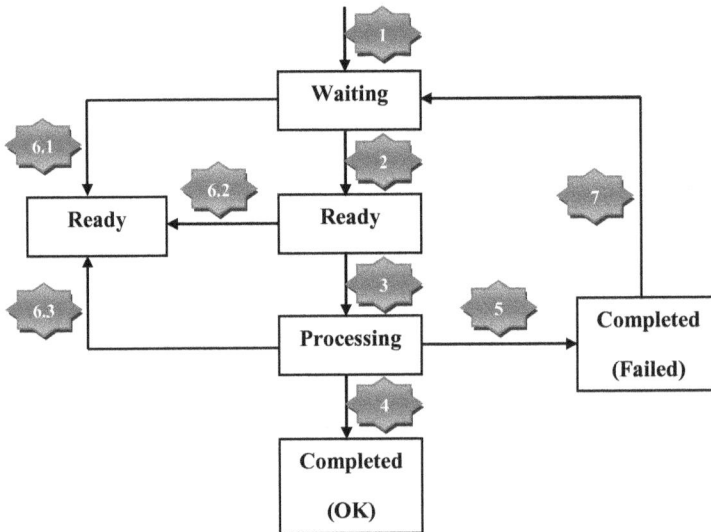

Figure 3 : Diagramme d'états / transitions sous XtremWeb-CH

1) Les tâches soumises par les clients sont stockées dans la base de données. Lorsqu'une tâche arrive sur le serveur, elle est enregistrée avec l'état « waiting ».

2) En fonction des ressources demandées par les tâches, Le Schéduleur consulte l'ensemble des workers disponibles, pré-alloue chaque tâche à un worker. Donc la tâche passe à l'état « ready ».

3) Lorsqu'un worker demande un job (envoie d'une requête « WorkRequest »), le dispatcher vérifie si une tâche est pré-allouée à ce worker. Si c'est le cas, le

worker reçoit les paramètres du job à exécuter. L'état du job passe à «
processing ».

4) Lorsqu'un worker termine son exécution, il informe le coordinateur. Ce dernier
effectue une mise à jour dans la base des données et l'état de la tâche devient «
completed ».

5) En cas d'erreur lors de l'exécution de la tâche, la tâche passe à l'état «
completed » avec erreurs.

6) Le client peut supprimer une tâche. Son état devient « killed ».

7) Dès qu'un worker se déconnecte la tâche qui lui est pré-allouée passe à l'état «
waiting ». Une tâche qui a généré une erreur lors de son exécution repasse à
l'état « waiting » pour permettre au Schéduleur de pouvoir la réallouer à un
autre worker.

Annexe B
Le script «run.sh»

```
path_rm=`which rm`
path_tar=`which tar`
path_zip=`which zip`
$path_tar xf $2
$path_rm $2
#Création d'un tableau qui contient les noms des images
tab=()
cnt=0
for i in *ppm
do
   tab[$cnt]=$i
   cnt=$(($cnt+1))
done
div=0
div=$(($cnt/(($1 -g))))
reste=0
reste=$(($cnt-$(($div*(($1 -g))))))
#Création des fichers d'images
j=0
while ((j<$div))
do
k=0
fichier=""
indice=$(($j*(($1 -g))))
```

```
    while ((k<(($1 -g))))
    do
      fichier="$fichier ${tab[(($indice+$k))]}"
      k=$(($k+1))
    done
    $path_tar cf images.tar $fichier
    $path_rm $fichier
    $path_zip images00$j.zip images.tar geneva_gift
    $path_rm images.tar
  j=$(($j+1))
done


#Création du dernier fichier d'images
fichier=""
for i in *ppm
do
    fichier="$fichier $i"
done


$path_tar cf images.tar $fichier
$path_zip images00$j.zip images.tar geneva_gift
$path_rm images.tar

for i in *ppm
do
  $path_rm $i
done

#Invocation du programme client Java
```

```
java    -classpath  .:XWCHClientAPI_V2.0.jar  Medgift  http://localhost:8080
b16cf688-ed6d-441d-bb83-57cb92ce5b
```

Annexe C
Le script «generatorxrslfile.sh»

```
path_tar=`which tar`
path_rm=`which rm`
$path_tar xf $2
$path_rm $2
#Création d'un tableau qui contient les noms des images
tab=()
cnt=0
for i in *ppm
do
   tab[$cnt]=$i
   cnt=$(($cnt+1))
done

div=0
div=$(($cnt/(($1 -g))))
reste=0
reste=$(($cnt-$(($div*(($1 -g))))))
#Création des fichiers : chaque fichier contient $1 images
j=0
while ((j<$div))
do
k=0
fichier=""
indice=$(($j*(($1 -g))))
```

```
  while ((k<(($1 -g))))
  do
    fichier="$fichier ${tab[(($indice+$k))]}"
    k=$(($k+1))
  done
    $path_tar cf images00$j.tar $fichier
    $path_rm $fichier
j=$(($j+1))
done

#Création du dernier fichier.
fichier=""
for i in *ppm
do
    fichier="$fichier $i"
done

$path_tar cf images00$j.tar $fichier

for i in *ppm
do
  $path_rm $i
done

#génération du fichier XRSL
i=0
quot=""
plus="+"
parouv="("
```

```
parfer=")"
egal="="
bin="local.sh"
out="features.tar"
et="&"
img="images00"
gen="geneva_gift"
executable="$parouv executable $egal $quot$bin$quot$parfer"
outputfile="$parouv outputfiles $egal $parouv$quot$out$quout  $quot
$quot$quot$parfer$parfer$parfer"
echo $plus > medgift.xrsl
while ((i<=$j))
do
jobname="$parouv$et$parouv jobname$egal$quot medgift00$i$quot$parfer"
inputfile="$parouv inputfiles $egal$parouv$quot$img$i.tar$quot
$quot$img$i.tar$quot$parfer$parouv$quot$gen$quot
$quot$gen$quot$parfer$parfer"

echo $jobname >> medgift.xrsl
echo $executable >> medgift.xrsl
echo $inputfile >> medgift.xrsl
echo $outputfile >> medgift.xrsl
i=$(($i+1))
done

ens=$(($div+1))

echo "--> Generation de $ens fichiers===> [OK]"
echo "--> Generation du fichier XRSL===> [OK]
```

www.ingramcontent.com/pod-product-compliance
Lightning Source LLC
Chambersburg PA
CBHW021108210326
41598CB00017B/1380